DE L'EXTINCTION
DE
LA MENDICITÉ.

Imprimerie de A. Guyot,
RUE NEUVE-DES-PETITS-CHAMPS, N° 37.

DE L'EXTINCTION

de la

MENDICITÉ.

RAPPORTS

Faits les 27 mars et 29 novembre 1829, en Séance tenue par le Conseil provisoire chargé des travaux préparatoires de la fondation d'une Maison de Refuge et de Travail, destinée à procurer l'extinction de la Mendicité dans Paris,

Par M. Cochin,

MAIRE DU XIIe ARRONDISSEMENT DE PARIS, MEMBRE ET RAPPORTEUR DE CE CONSEIL.

PRIX : 2 FRANCS 50 CENTIMES.

Au Profit des sept Écoles Primaires fondées par M. Cochin,

RUE PASCAL ET RUE SAINT-HIPPOLYTE, FAUBOURG SAINT-MARCEL.

PARIS

ALEXANDRE MESNIER, LIBRAIRE,

PLACE DE LA BOURSE.

1829.

EXPOSÉ PRÉLIMINAIRE.

Depuis long-temps l'ordre social réclamait l'extinction des abus de la mendicité.

Les lois avaient parlé, mais elles étaient restées sans exécution.

Les moyens d'extinction n'avaient point été médités, les voeux étaient restés stériles !

Un magistrat entouré de l'estime publique conçut le dessein d'avancer ce grand œuvre par la fondation d'une maison de refuge et de travail à l'intérieur de Paris.

Les maisons de mendicité fondées jusqu'à présent en France et dans l'étranger n'avaient fourni aucun modèle satisfaisant.

Il fallait disposer d'un million pour préparer le succès d'une première maison, et aucun budget administratif ne présentait de prévision pour cette dépense.

Une adresse au public fut rédigée, des intentions

loyales furent exprimées, des soucriptions considérables furent recueillies.

Un établissement perpétuel doit résulter de ce concours de confiance, et de générosité.

Il devenait nécessaire de délibérer sur le meilleur emploi à faire de la souscription, et sur la nature de l'établissement à créer.

Avant d'arriver à des réglemens définitifs, il fallait se livrer à l'étude d'une création nouvelle, appeler par la publicité les conseils de l'opinion, et connaître par l'expérience tous les avantages de cette fondation.

Il était convenable de désigner des souscripteurs pour ce travail préparatoire, un conseil provisoire, de dix-sept souscripteurs, fut choisi.

Ils s'assemblèrent, et se divisèrent en trois comités.

Le premier fut nommé comité d'études générales : il doit discuter les théories, constater les essais, préparer les réglemens.

Le second fut nommé comité de comptabilité : il doit donner son attention à tout ce qui peut favoriser les recettes, et contrôler les dépenses.

Le troisième fut nommé comité d'exécution : il prend une part active à tous les détails d'organisation.

Dès que cette division fut opérée (1), le Conseil désira qu'un rapport général lui fût fait sur l'ex-

---

(1) Le Comité d'études générales est composé de :

MM. Le duc de Caraman, Président.
Le duc de La Rochefoucauld-Liancourt, Secrétaire.
Le baron Henrion de Pensey, premier Président de la Cour de cassation.
Le baron Pasquier, Pair de France.
Le duc de Choiseul, Pair de France.
Dupin aîné, Membre de la Chambre des Députés.

Le Comité de comptabilité est composé de :

MM. Le marquis de Barbé-Marbois, premier Président de la Cour des comptes, Président de ce Comité.
Vassal, Membre de la Chambre des Députés, Secrétaire de ce Comité.
Le baron Séguier, premier Président de la Cour royale de Paris.
Jean de Greffulhe.
Chodron, Doyen des notaires de Paris.

Le Comité d'exécution est composé de :

MM. Le duc de La Rochefoucauld-Doudeauville, Pair de France, Président de ce Comité.
Le comte Alexandre de Laborde, Membre de la Chambre des Députés, Secrétaire de ce Comité.
Le baron Ternaux, Membre de la Chambre des Députés.
Breton, Membre du Conseil général du département de la Seine.
Le baron Lecordier, Doyen des Maires de Paris.

MM. les Préfets de la Seine et de police, comme Présidens, et M. Cochin, Maire du 12e arrondissement, comme Rapporteur, sont membres des trois Comités.

tinction de la mendicité, sur la nature de l'établissement à créer, sur les ressources, et sur les moyens d'action.

M. Cochin fut chargé de ce travail qu'il exécuta, et dont il donna lecture dans la deuxième séance du Conseil, le 27 mars 1829. — C'est ce Rapport dont la publication fut ordonnée, et dont le texte va suivre.

••••••••••••

RAPPORT.

MESSIEURS,

Le Rapport dont vous m'avez confié la rédaction aurait pu fournir matière à la composition de plusieurs livres, et cependant, je devais songer à ne vous présenter que le sommaire d'un sujet, dont il vous appartient de développer et d'utiliser les richesses.

Voici le résumé de quelques réflexions; je l'ai partagé en trois sections, pour que chacun de vos comités puisse saisir en un seul chapitre les renseignemens qu'il doit plus particulièrement rechercher, études générales, comptabilité, exécution : telle est la division de vos comités, c'est aussi celle du Rapport que j'ai l'honneur de vous soumettre.

PREMIÈRE PARTIE.

ÉTUDES GÉNÉRALES.

Aperçu historique.

A toutes les époques de la monarchie française, les mendians furent l'objet de la sollicitude et quelquefois de la crainte des Gouvernemens.

Saint Louis trouva le moyen de nourrir tous les pauvres de son royaume; mais il éprouva que cette immense charité augmentait la paresse , et favorisait le vagabondage.

François Ier leva des taxes énormes au profit des pauvres et des mendians, sans pouvoir réprimer ces derniers.

Louis XIII, Louis XIV, Louis XV décrétèrent les peines les plus sévères contre la mendicité; ils ne purent effrayer ni par le fouet, ni par le bannissement, ni par les galères cette population parasite (1).

Ce que la rigueur des châtimens n'avait pu obtenir fut progressivement produit par le développement des richesses sociales.

Le goût du travail a pénétré dans toutes les classes.

L'abolition de la féodalité a rendu à l'agriculture un grand nombre de terrains sur lesquels ont vécu des hommes jusqu'alors inactifs.

La suppression des couvens a dispersé les mendians qui vivaient aux dépens des maisons monastiques.

---

(1) 1536. Ordonnance de François Ier, bannissement des mendians relaps.

1639. Ordonnance de Louis XIII ; ils sont condamnés aux galères.

1656. Ordonnance de Louis XIV ; ils doivent être condamnés au fouet pour la première fois, aux galères pour la seconde, et les femmes au bannissement.

1724. Ordonnance de Louis XV ; réitération des mêmes ordonnances.

Nombreux arrêts de parlement conformes à ces lois.

L'industrie manufacturière a ouvert et étendu ses ateliers.

Les administrations charitables ont rivalisé de zèle et d'efforts pour secourir les pauvres, et les empêcher de tomber dans la dégradation du mendiant.

Enfin, la répression totale de la mendicité est devenue proposable dans plusieurs villes, et le temps vient, où ce bienfait pourra devenir commun à toute la France.

Examinons les lois qui nous régissent, et les circonstances au milieu desquelles nous vivons, afin d'accélérer par nos efforts ce mouvement d'amélioration, et de préparer l'époque à laquelle notre patrie pourra recueillir la plénitude de ce bienfait.

Une loi du 30 mai 1790 ordonne aux mendians de travailler dans leur résidence, sous peine de se voir reconduits, par la force armée, au lieu de leur domicile d'origine ou de naissance. Revue législative.

Une autre loi du 15 juin 1790 attribue des secours aux mendians, pour les soutenir dans leurs voyages de retour au domicile de secours.

Ce n'était point assez de leur indiquer une retraite et de leur fournir les moyens d'y parvenir, il eût été nécessaire d'assurer aux communes des ressources nécessaires pour assister l'indigence, et réprimer la mendicité.

C'est ce qu'on essaya de faire par la loi du 24 vendémiaire an 2 (15 octobre 1793).

Cette loi créa, dans chaque commune, une agence de secours (art. 1er), ordonna aux particuliers de verser leurs aumônes dans la caisse de cette agence (art. 16, tit. 1er) chargea les municipalités d'avertir le Gouvernement de l'étendue des besoins locaux par l'intermédiaire des autorités départementales (art. 2 et suivans).

Comptant sur l'exécution de ces premières dispositions, la même loi ordonna l'ouverture d'ateliers de charité dans chaque commune (art. 6), décréta l'arrestation des mendians, leur dépôt dans une maison de répression, et leur transportation aux colonies, lorsqu'ils seraient tombés trois fois par récidive dans le délit de mendicité (titres 2, 3, 4 de la loi).

Enfin, par le dernier titre de cette loi, furent déterminées les conditions qui établissent le domicile de secours, c'est-à-dire le lieu auquel doit s'adresser le mendiant pour implorer l'assistance du pouvoir municipal, lorsqu'il est menacé par les mesures répressives.

J'ai cru devoir rappeler sommairement l'analyse de cette loi par deux motifs que je vais déduire.

Premièrement, elle est encore aujourd'hui la loi en vigueur, la seule qui se soit occupée avec quelque étendue de la matière qui nous occupe.

Secondement, elle pose des principes qui ont été modifiés, qui le seront encore, mais qui ne peuvent être totalement abandonnés, et qui, par cette raison, se recommandent à vos méditations.

Je passe sous silence les lois du 19 mars 1793 et du 26 juin 1794, qui avaient fait de l'assistance des pauvres une dette nationale, et centralisé dans les mains du Gouvernement de l'Etat tous les moyens de charité publique : je les considère comme appartenant à un système de centralisation et de dépression des institutions municipales, systême implicitement abrogé par la loi du 27 novembre 1796, et par les réglemens antérieurs qui ont replacé sous l'influence des autorités locales les établissemens hospitaliers, et l'administration des secours à domicile.

Je reviens aux principes posés par la loi du 24 vendémiaire an 2 (15 octobre 1793), parce qu'ils sont de nature à être étudiés et perfectionnés.

Fixer un domicile de secours me paraît un principe immuable dans la législation administrative; il est bien naturel que chaque commune accorde protection aux pauvres qu'elle a vu naître, mais l'exécution universelle de ce principe sera nécessairement ajournée aussi longtemps que les communes seront dépourvues des ressources financières suffisantes pour subvenir aux charges qui leur sont imposées par les lois du domicile de secours.

L'ouverture d'ateliers de charité est encore une disposition digne de respect et d'attention, mais son exécution sera retardée par les mêmes causes.

L'arrestation des mendians obstinés, et leur transportation peuvent être des mesures convenables, mais avant de priver des hommes de leur liberté, il faut préparer des asiles pour les recevoir; et, en cas de transportation, il faut leur assurer un lieu de débarquement et de protection. Or, sur ces diverses nécessités, la législation est restée dans le silence.

Nous aurons plus d'une fois, Messieurs, l'occasion de revenir sur les études qui doivent préparer de nouvelles mesures législatives, je vais continuer la revue rapide que j'ai commencée.

La loi du 24 vendémiaire an 2 était restée sans effet depuis onze ans, lorsque le chef du Gouvernement, en 1808, essaya de suppléer en partie à cette inexécution.

Il ordonna par un décret (5 juillet 1808) l'ouverture d'un dépôt de mendicité dans chacun des départemens de la France.

Les dépenses de ces dépôts devaient être supportées concurremment par le trésor public, les départemens et les villes (art. 7).

Cette disposition des finances de l'Etat paraissait remédier au défaut de dotation des communes.

Ce n'était pas exécuter la loi du 24 vendémiaire dans toutes les communes, mais c'était l'exécuter en partie dans chaque chef-lieu de département, sauf à pourvoir plus tard à une exécution plus entière.

A compter de 1809, chaque département dut posséder un dépôt de mendicité.

En 1810 parut le Code pénal (art. 274 et suiv.), il frappa de peine sévères tous les mendians trouvés sur la voie publique, et ordonna leur transport dans les dépôts de mendicité.

Bientôt on s'aperçut des inconvéniens attachés à ces établissemens.

Placés aux chefs-lieux des départemens, ils étaient situés à dix ou quinze lieues de la commune où les mendians avaient leur résidence, il fallait les arracher à leur famille, et à des secours presque certains, pour leur offrir le pain de la prison.

Il fallait dépenser en transports ce qu'on eût pu consacrer à leur soulagement.

Il fallait se charger de toute une famille quand on avait arrêté le chef d'une postérité mendiante.

La pauvreté se vit confondue avec la mendicité, l'infirme fut appelé à résider avec le fainéant, le vagabond survint pour insulter à la misère de l'aveugle et du vieillard, les communes ne furent point déchargées de la présence de leurs pauvres comme elles l'auraient été par des ateliers de charité; les pauvres furent exilés loin de leurs appuis naturels, et les départemens se trouvèrent surchargés de l'obligation de nourrir un grand nombre d'êtres privés de leur liberté, abrutis par la misère, et destinés à voir dissoudre dans l'oubli les restes d'une existence honteuse et inutile.

La suppression d'un grand nombre de ces dépôts fut demandée par les conseils généraux de département; elle causa de nouveaux embarras dans la plupart des grandes villes; Paris surtout vit arriver des mendians de plusieurs points de la France, et son dépôt de mendicité, qui n'a jamais cessé d'exister depuis 1809, fut souvent encombré d'habitans qui n'avaient point pris naissance dans l'enceinte de ses murs.

Impuissance d'éteindre la mendicité sans une création de nouveaux moyens.

M. le Préfet de police chargé par le décret du 12 messidor an 8 (art. 5), de faire exécuter les lois sur la mendicité et le vagabondage, s'aperçut de l'insuffisance des moyens mis à sa disposition.

Il se voyait obligé, ou de favoriser la mendicité en lui permettant un libre essor, ou d'augmenter le nombre des misérables en peuplant indéfiniment les dépôts.

Ce dernier moyen aurait conduit à des dépenses incalculables.

Que cent pauvres soient enlevés dans la ville et conduits à une maison de retraite, bientôt une seconde quantité de pareils indigens implorera la même assistance, et le nombre de ces malheureux se multipliera indéfiniment.

Le point essentiel avant d'attenter à leur liberté, ou de les laisser à leur indolence, c'est d'examiner leur position, de juger leurs ressources, d'aider leur misère, et de constater, s'il y a lieu, leur culpabilité.

Le désordre de la mendicité résiste peu à cette persévérance d'investigation, la pauvreté réelle trouve des moyens d'assistance, la pauvreté factice craint d'être découverte et punie, la mendicité disparaît sous la main qui veut la saisir pour découvrir ses turpitudes.

Mais il était impossible d'examiner en un moment toute la position d'un mendiant. Il aurait fallu pouvoir le placer temporairement dans un séjour voisin de la préfecture pour prendre le temps de vérifier ses déclarations, pour étudier ses habitudes, et pour le traiter selon sa position.

La préfecture ne possédait pour cette destination que les prisons ordinaires, et il répugne de placer provisoirement en prison un homme qui peut n'avoir commis d'autre faute que celle de mendier.

Les moyens d'interrogation en pareil cas ne sont pas semblables à ceux qui ne tendent qu'à la découverte des autres délits, pour ceux-ci la police, après avoir rassemblé les indices de la culpabilité, livre la suite des recherches aux magistrats chargés de l'instruction criminelle; mais quant au délit de mendicité les recherches pour constater le fait sont presque toujours rendues inutiles par l'aveu, et en outre, l'ordre public est bien moins intéressé à la punition de ce délit qu'à la recherche des causes qui l'ont occasioné, et de celles qui peuvent le faire renaître.

Or, la préfecture manquait de tous moyens pour se livrer à ces perquisitions attentives et prolongées.

Enfin, et en supposant le mendiant atteint et convaincu de mendicité inexcusable, tout devait faire présumer qu'un homme qui n'est reprochable que de ce chef peut se relever par l'assistance temporaire de secours moraux, et par l'habitude d'un travail libre et bien dirigé; or, sous ce dernier rapport, la préfecture loin de posséder la moindre ressource était réduite à ordonner le transport du mendiant dans le dépôt de mendicité, lieu de confusion et d'oubli, dans lequel il n'était possible de trouver aucune espérance d'allégement, ni d'amélioration pour l'avenir.

Ces considérations déterminèrent M. le Préfet à réclamer de S. Exc. le ministre de l'intérieur la création d'une maison de refuge et de travail à Paris.

S. Exc. en approuvant hautement ce projet, n'éleva d'autre objection que celle du défaut de ressources nécessaires pour se livrer à la fondation d'un nouvel établissement.

L'exemple de la ville de Bordeaux détermina M. le Préfet à proposer une souscription publique.

C'est ici l'occasion de vous dire, Messieurs, ce qui s'était passé à Bordeaux en 1827.

Exemple donné par la ville de Bordeaux.

Bordeaux à cette époque, comme Paris en 1828, était affligé du spectacle d'un nombre considérable de mendians qui encombraient la voie publique, et attestaient l'inexécution des lois.

Une société de personnes bienfaisantes crut devoir se réunir dans l'intention d'aider l'administration municipale à faire disparaître ce désordre.

Des arrêtés furent pris par M. le Préfet du département de la Gironde, et par M. le maire de la ville de Bordeaux, les mendians étrangers au département furent reconduits à leur domicile de secours, un local considérable fut loué, une souscription fut ouverte, cet appel fut entendu par un grand nombre de bienfaiteurs, trois cents mendians furent reçus dans un nouveau refuge, des moyens de travail et de secours furent organisés, et chaque jour les aumônes des habitans de Bordeaux, recueillies par la société fondatrice du refuge, non-seulement fournissent aux dépenses annuelles, mais encore permettent d'accumuler une réserve qui pourra dans l'espace de peu d'années former le capital d'une rente suffisante pour assurer la durée perpétuelle de l'établissement.

Ordonnance de police portant prohibition de la mendicité.

M. le Préfet de police ne douta point d'arriver à un succès du même genre en s'adressant aux habitans de Paris : c'est alors que le 20 septembre 1828, rappelant le texte des lois qui lui ont imposé le devoir de poursuivre et de faire disparaître la mendicité, il prononça par un arrêté spécial, la prohibition la plus absolue de mendier, faisant connaître en même temps que les dépôts de mendicité étaient insuffisans, et que les maisons de travail devenaient *le complément indispensable des mesures répressives de la mendicité* (préambule de l'ordonnance du 20 septembre 1828).

Souscription.

Un grand empressement de répondre à ce vœu s'étant

manifesté, M. le Préfet devint dépositaire de sommes considérables, qui lui furent confiées sans condition.

Ce dépôt a été conservé intact jusqu'à ce jour, aucunes dépenses n'ont été faites, mais M. le Préfet qui pouvait faire emploi, dans sa sagesse personnelle, des capitaux dont il avait été constitué l'arbitre, ne voulut point rester seul grévé de cette responsablilité.

Formation d'un Conseil provisoire de souscripteurs.

Il désira se trouver entouré par un Conseil provisoire, chargé d'examiner le meilleur emploi à faire des ressources de la souscription, et de préparer l'organisation définitive d'un établissement nouveau qui ne possède en aucun lieu de modèle sur lequel on puisse identiquement se conformer.

C'est sur l'expression de ce désir que S. Exc. le ministre de l'intérieur nous a choisis parmi les souscripteurs, pour la mission délicate que vous avez acceptée, et dont nous commençons en ce moment l'exercice.

Nécessité de renseignemens préalables sur les établissemens hospitaliers de Paris.

Tels sont les lois, les faits, les circonstances qui nous ont réunis pour délibérer, mais notre délibération ne peut procéder d'une manière utile qu'après avoir étudié l'état actuel des établissemens qui protègent le pauvre dans la ville de Paris, car, la pauvreté étant la condition permanente d'un grand nombre d'individus, et la tutelle du pauvre nous étant commandée par les lois divines et humaines, on ne doit s'occuper de la répression du mendiant qu'après avoir constitué les moyens de prévenir et d'éviter la mendicité.

Renseignemens.

Paris possède les hôpitaux suffisans pour recevoir la totalité de ses malades indigens.

Huit à dix mille vieillards ou infirmes peuvent en outre trouver l'existence dans des hospices, et maisons de retraite, soutenues par les fonds de l'administration.

Les enfans trouvés, et les orphelins, dans un nombre indéfini, sont continuellement assistés dès qu'ils se trouvent abandonnés par la mort, ou par l'immoralité de leurs parens.

Indépendamment de ces fondations, une administration de secours à domicile étend sa protection sur les familles chargées d'enfans, et sur les ouvriers accablés par le défaut, ou l'insuffisance du travail.

Elle est secondée par douze bureaux de charité qui procurent à chaque ménage pauvre, un protecteur et un consolateur.

Un nombre considérable de sociétés phylantropiques, d'associations pieuses, de fondations édifiantes, multiplient les secours destinés à l'indigent, et applanissent les difficultés de son existence.

Trente mille familles pauvres reçoivent à Paris l'assistance des bureaux de charité.

Tous leurs enfans sont reçus dans les écoles gratuites, toutes leurs maladies, lorsqu'ils ne veulent point aller à l'hôpital, sont soignées à domicile par des médecins habiles, les médicamens sont fournis gratuitement, les sœurs de charité soignent fraternellement l'indigent dépourvu de famille, ou privé de toute affectueuse consolation; des personnes généreuses, des dames de charité rivalisent de zèle avec les sœurs hospitalières.

Telles sont, Messieurs, les consolations préparées pour l'indigence, dans la capitale du royaume de France.

Vous me demanderez ce qui reste à faire, et comment il peut arriver que l'administration ait à s'occuper, en outre, d'un grand nombre de mendians. Il faut donc vous parler spécialement de cette dernière classe d'habitans.

De la position particulière des mendians.

Les mendians ne se présentent pas au bureau de charité pour être inscrits et secourus : depuis cinq ans, bientôt, que j'administre le quartier le plus pauvre de la capitale, je n'ai jamais vu un mendiant de profession venir me demander une assistance quelconque; les mendians composent une classe à part, ils dédaignent le faible secours de la charité municipale, ils préfèrent exploiter dans les rues la commisération des passans, ils ne voudraient pas se soumettre à la surveillance des visiteurs du pauvre; ils préfèrent une vie vagabonde et la profusion qui leur est souvent permise par l'abondance des aumônes : ils se prévalent de leur indépendance de tout devoir, dispensés qu'ils sont de soumettre leurs désordres à aucun examen; ils s'enfoncent chaque jour dans les plus scandaleuses habitudes, et ne sont jamais obligés de rendre compte de l'usage qu'ils font de l'argent par eux reçu, puisqu'ils sont assistés par des hommes qu'ils ne connaissent point, et dont ils ne sont pas connus.

Il est depuis long-temps défendu de leur donner l'aumône dans les rues.

Ce désordre est signalé depuis long-temps, Messieurs, et cependant il subsiste toujours.

Une ordonnance de Louis XIV, en 1656, déclara passible de l'amende de quatre francs au profit de l'hôpital général de Paris, toute personne *de quelque condition et qualité qu'elle soit, qui se permettrait de donner l'aumône manuellement dans les rues, nonobstant tout* **MOTIF DE COMPASSION** *ou autre* **PRÉTEXTE.**

En dépit de l'autorité de Louis XIV, les mendians nous assiègent, et nous commettons la faute de leur donner sans ménagement pour les intérêts de l'ordre public, et sans respect pour la mémoire du grand Roi, qui nous a fait cette défense.

Depuis deux cents ans bientôt que ces prohibitions existent, depuis deux cents ans que les mendians sont menacés par les ordonnances du fouet et des galères, et plus tard, par le Code pénal, de plusieurs peines infamantes, on n'a point encore préparé un lieu où leur position puisse être examinée avec soin, dans l'intention de les assister, de les relever, ou de les punir, selon les circonstances de leur conduite.

Motifs de cette prohibition.

Cet examen est pourtant nécessaire non-seulement dans l'intérêt de la société, qui ne doit souffrir aucun désordre, non-seulement dans celui des mendians dont il ferait disparaître les maux, mais encore dans celui des particuliers exposés chaque jour à commettre envers les mendians les plus affligeantes méprises.

Examinons les caractères de l'indigence réelle, rapprochons-les de ceux de la mendicité, et décidons s'il n'est pas urgent d'éviter, entre elles, toute confusion.

Le pauvre qui succombe sous le poids du malheur franchit avec regret les bornes d'une pudeur dans laquelle il avait su vivre, il n'attend qu'une main protectrice pour retourner aux habitudes d'une vie laborieuse, il ne cache point le lieu de son domicile, il désire qu'une personne miséricordieuse prenne connaissance de son sort, et lui rende les moyens de prolonger une existence dévouée, avec courage, au travail et à la sobriété.

Le mendiant, au contraire, se dérobe à toute investigation, il trompe son bienfaiteur, il exagère ses douleurs, il concentre tous les vices dans son âme, et trouve dans ses quêtes continuelles le moyen de persévérer avec impunité dans ses habitudes de paresse, de débauche, de mensonge et d'effronterie.

Ces deux êtres se sont présentés à vous le même jour, à la même heure, dans la même rue, l'un méritait votre indignation, l'autre avait droit à votre respect, vous avez refusé de les entendre, de les soulager tous deux, ou bien, cédant à votre sensibilité, vous avez été réduits à secourir la vertu avec indifférence, sans la connaître, sans l'apprécier, et à soudoyer le vice dans l'erreur d'une compassion irréfléchie.

Nécessité de les classer.

Au surplus, Messieurs, votre erreur n'a compromis le sort ni la liberté de personne; mais il n'en est pas de même lorsque l'administration veut s'occuper de l'assistance des mendians sans avoir pris le soin de les classer préalablement.

Les deux mendians que vous avez secourus se présentent à elle : si elle porte secours à tous deux, par l'effusion d'une aumône, elle verra sans cesse grossir le nombre de cette cohorte stipendiée, et chaque jour appellera la nécessité de nouvelles dépenses, et par conséquent d'une taxe des pauvres, pour subvenir à cette prodigalité inconsidérée.

Que si l'administration se borne à renfermer ces deux mendians et à les nourrir en état de surveillance et de captivité, elle dégrade sans pitié la vertu malheureuse, condamne l'indigent à une déchéance de l'état social, et tend à détruire les bonnes mœurs, en enveloppant le vice et la vertu dans une même indifférence.

Les maisons de refuge sont des moyens de classement.

Les maisons de refuge et de travail doivent être destinées à faire disparaître cet embarras de l'administration, et cette perplexité des hommes généreux qui se font un devoir d'assister l'humanité souffrante.

Division essentielle de cette nature d'établissement.

Elles doivent se composer premièrement et essentiellement d'un bureau d'interrogation, d'examen, et d'investigations continuelles sur les ressources et la moralité des mendians qui y sont amenés et déposés.

Secondement, d'un lieu de séjour temporaire divisé en deux sections, l'une pour le mendiant en état d'interrogation et d'épreuve, la deuxième pour le mendiant admis à travailler dans la maison.

Troisièmement, d'ateliers pour le mendiant admis à un séjour, ou travail temporaire, à l'effet d'acquérir quelques économies et de rentrer, dans la classe des pauvres ordinaires.

Telle est la maison de refuge et de travail dans son essence, y ajouter un séjour pour les mendians infirmes et incurables serait se charger de la dette de l'administration des hospices, y recevoir à titre de secours des ouvriers pauvres non mendians serait anticiper sur les devoirs de l'administration des secours à domicile.

Il me paraît essentiel, surtout dans les commencemens d'un établissement nouveau, de tenir sévèrement à cette ligne de démarcation, afin de ne pas faire contracter aux mendians, et à tous les établissemens protecteurs du pauvre des habitudes qu'il faudrait ensuite réformer.

Cette distinction n'a pas été faite dans le refuge de Bordeaux, mais il me paraît utile et nécessaire de la faire dans le refuge de Paris.

A Bordeaux, après avoir renvoyé dans leur domicile d'origine les mendians étrangers à la ville, on a réuni dans une même maison tous les mendians restans sur la voie publique, on a donné le logement et la nourriture aux enfans, aux vieillards, aux infirmes, on a procuré les mêmes avantages aux mendians valides, en les assujétissant, de plus, au travail.

Cette méthode est la plus facile; elle se présente tout d'abord; mais il ne vous échappera pas que cette façon d'agir se rapproche beaucoup du système des dépôts de mendicité, en ce qu'elle confond les classes de pauvre, et oblige, soit à multiplier les régimes à l'intérieur d'une même maison, soit à appliquer le même genre de consolation à toutes les natures de douleurs.

A mon avis, l'administration du refuge de Paris doit se refuser à recevoir et à loger et nourrir tout mendiant qui n'est pas en état d'épreuve ou d'activité, c'est-à-dire, dans les deux catégories d'admission que j'ai plus haut indiquées. Elle doit suivre cette ligne avec d'autant plus de sévérité, qu'en s'y conformant elle procurera promptement le classement de tous les pauvres; tandis qu'en ne s'y conformant pas, elle aggraverait toutes les difficultés.

Les mendians de Paris habiteraient trois maisons.

En l'état actuel deux maisons dépendent de la Préfecture de police pour la répression de la mendicité, l'une est le dépôt de Villers-Cotterêts, l'autre est la maison de répression de Saint-Denis; dès qu'une troisième maison sera ouverte, le refuge de Paris, il sera possible de séparer les mendians en trois classes : on placerait à Villers-Cotterêts les infirmes et vieillards, à Saint-Denis les mendians condamnés et prisonniers, et à Paris les mendians curables et soumis au régime de régénération : ainsi disparaîtrait, dès l'automne prochain, la totalité des mendians qui se montrent sur la voie publique.

Si, au contraire, la maison de refuge de Paris admettait des infirmes et des prisonniers, elle ne serait plus qu'un troisième dépôt de mendicité, dans lequel on ne pourrait se livrer à aucune régénération de la classe mendiante.

Sans doute, il faut bien s'y attendre, la prohibition de mendier obligera de recueillir un grand nombre d'infirmes et de vieillards qui vivaient d'aumônes publiquement sollicitées; mais le soin de ces vieillards et de ces infirmes ne peut entrer dans les attributions de la maison de refuge : il est indispensable de leur donner un asile séparé, dont la surveillance devra être prise, tôt ou tard, par l'administration des hospices; leur classement à Villers-Cotterêts donnerait le temps de les adopter peu à peu, et l'administration municipale, pour acquitter cette charge, pourrait acquérir définitivement le château de Villers-Cotterêts, ou abandonner cette résidence après avoir bâti, ou choisi, une maison plus rapprochée de la capitale.

Dès que ce classement en trois maisons aurait été adopté, voici, dans ma pensée, en quoi consistera l'action de la Préfecture de police envers les pauvres et mendians de Paris.

Toute personne placée dans la nécessité d'implorer la pitié publique devra s'adresser d'abord aux bureaux de charité, et chercher à éviter la mendicité par les secours ordinaires de la ville, par le travail et par toutes les ressources habituelles des classes indigentes.

Toute personne trouvée mendiante devra être conduite à la maison de refuge, et y être interrogée sans délai.

Si cette personne est domiciliée, elle devra être immédiatement renvoyée à son domicile, après avoir été prévenue de l'existence des lois, et menacée de l'autorité des tribunaux en cas de récidive.

Si cette personne n'est pas domiciliée, et qu'elle appartienne à une autre commune que celle de Paris, elle devra être renvoyée au domicile de secours, conformément aux lois.

Si elle n'est pas domiciliée, et qu'elle appartienne cependant à la ville de Paris, elle devra être admise jusqu'à ce que ses moyens d'existence aient été vérifiés.

Si elle est dans un état d'indigence complète et d'infirmité incurable, elle doit être dirigée vers les hospices de la ville, et jusqu'à ce que les hospices soient devenus assez vastes pour recueillir tous les infirmes de cette position, la maison de Villers-Cotterêts pourra leur donner un asile temporaire.

Si la personne arrêtée est valide, elle doit être appliquée à des travaux manuels, et son sort adouci par le fruit de ce travail.

Si elle se refuse à travailler, elle ne doit recevoir que les alimens indispensables au soutien de son existence.

Si au fait de la mendicité se joint la circonstance aggravante de la récidive, elle doit être livrée aux tribunaux.

Si à la récidive se joint le vagabondage, l'indocilité, la révolte, l'audace, et tout ce qui annonce la présence et le danger du crime, elle doit être traduite devant les tribunaux, et condamnée à l'emprisonnement conformément aux lois.

Cette maison appartient essentiellement à l'action de la Préfecture de police.

Dessinée de cette façon, la maison de refuge se présente à vous, Messieurs, dans la ligne de compétence qui appartient à la Préfecture de police, et vous n'oublierez pas que c'est dans cette intention seulement que M. le Préfet a dû provoquer la générosité des habitans de Paris.

La principale compétence de cette Préfecture consiste dans l'exercice de la police judiciaire, et de la police administrative.

Comme police administrative elle prévient les délits pour se dispenser de les punir, et elle guérit les maux secrets que la loi ne peut atteindre.

Comme police judiciaire elle constate les délits, en arrête les auteurs, et les livre aux tribunaux.

La mendicité étant au nombre des délits prévus par les lois, il faut qu'il existe à Paris, c'est-à-dire, à peu de distance de la Préfecture, un lieu destiné à prévenir la mendicité, et à interroger et livrer le mendiant rebelle à l'influence de toutes les mesures préparées pour adoucir et guérir le vice dont il est infecté.

Auxiliaire de la police administrative, la maison de refuge tend à faire disparaître la mendicité sans violence, à la détruire par l'assistance et le travail.

Auxiliaire de la police judiciaire, elle appelle le châtiment sur la conduite coupable du mendiant relaps dans les circonstances où la morale et la tranquillité publique se trouvent offensés et menacés.

Elle est donc indispensable à l'action d'un préfet de police, lorsqu'il veut sérieusement arriver à l'exécution des lois.

Si l'on s'écarte de ce plan, et que par un mouvement de compassion imprudente on veuille recevoir dans une même maison tout ce qui se présentera sur la voie publique à titre de mendiant, si le refuge devient à la fois prison, hospice, maison de travail pour les pauvres, hôtellerie générale de mendicité et de détresse, il est impossible de prévoir les dépenses et les abus auxquels entraînerait cette détermination.

Nous ne craignons pas de dire qu'on détruirait d'un côté ce qu'on aurait édifié de l'autre, puisque la maison de refuge, essentiellement fondée pour opérer le classement des pauvres et la régénération des mendians, se trouverait n'avoir produit que la confusion, qu'elle devait éviter.

Nous ajouterons que cette confusion, outre l'inconvénient d'augmenter indéfiniment les dépenses, donnerait naissance à des conflits d'autorité, qu'il faut soigneusement éviter.

Elle sort de cette compétence dès qu'on y admet des infirmes, des prisonniers, des pauvres non mendians.

En effet, selon la législation en vigueur actuellement les prisons de Paris sont placées dans la législation actuelle sous l'autorité directe de S. Exc. le Ministre de l'intérieur et du Conseil général des prisons.

Les hospices de Paris sont placés sous l'autorité de M. le Préfet de la Seine, et du Conseil général des hospices.

L'administration des secours à domicile a été réunie par un décret spécial à l'administration des hospices, et placée sous la même direction.

Si l'établissement dont nous nous occupons sous le nom de refuge, était à la fois prison, hospice, et maison de secours, duquel des trois pouvoirs que j'ai indiqués devrait-il relever?

Que s'il ne relevait d'aucun, mais d'un conseil nouveau et spécial, l'embarras serait encore plus considérable, puisque le nouveau Conseil se trouverait en rivalité et en partage avec des Conseils préexistans.

Mais si, au contraire, la maison de refuge et de travail se restreint en trois sections, 1° bureau d'interrogation; 2° séjour; 3° ateliers; si nul pauvre n'y peut entrer que pour cause de mendicité et sur arrestation pour ce fait, cette maison se trouve sous l'autorité légale de la Préfecture de police, et prête un secours efficace à la répression de la mendicité, et à son extinction, sans embarrasser sa marche en voulant participer aux obligations des maisons hospitalières, non plus que des maisons de correction.

J'ignore, Messieurs, si le Conseil devant lequel j'ai

l'honneur de parler, partagera l'opinion qu'il est de mon devoir d'émettre, mais pour indiquer jusqu'à quel point je persévère, jusqu'à présent, dans cette opinion, j'irai jusqu'à m'occuper d'un détail accessoire au projet, afin de faire sentir, par un exemple, jusqu'à quel point je crois nécessaire d'observer la rigueur de cette ligne de démarcation.

Avoir mendié est la condition indispensable pour être admis.

Il paraîtrait d'abord naturel d'admettre les pauvres réduits à l'indigence la plus cruelle, à venir déclarer leur détresse, pour éviter les désagremens d'une arrestation, mais si vous permettez cette facilité, tous les pauvres viendront faire confidence de leurs malheurs au Commissaire-interrogateur, et se faire admettre provisoirement au séjour d'épreuve, sauf à être renvoyés chez eux après le délai des informations, contens d'avoir vécu pendant un espace quelconque de temps aux frais de l'administration publique ! Non, Messieurs, il faudra s'arrêter, je le répète, au principe que j'ai posé, la détresse qui ne mendie pas est du ressort de l'assistance à domicile, il faut la protéger, la recommander aux maires et aux curés de Paris, lui procurer la protection des nombreuses personnes charitables, dont la capitale s'honore, mais il ne faut pas les admettre au refuge, parce que le fait de mendicité, et de mendicité publique en doit être le seul chemin, la seule cause d'admission.

Réduite à ce point, elle est au-dessus de toute objection.

D'autres considérations de l'ordre le plus élevé doivent encore, Messieurs, vous fixer inébranlablement dans cette détermination : permettez-moi de vous les indiquer.

On fera, sur l'établissement d'un refuge à Paris, des objections de deux natures.

D'une part, les personnes qui s'occupent d'économie politique et d'administration craindront de voir augmenter inconsidérément les charges de l'État par une création immodérée de secours publics, et d'établissemens philanthropiques. Nous arriverons à la taxe des pauvres, diront-elles; pourquoi donc se mêler avec tant de zèle d'une classe de citoyens de préférence aux autres? La société doit-elle réparation des misères dont elle n'est pas cause? Laissons chacun se suffire par son travail; n'augmentons pas la plaie du paupérisme par d'imprudentes largesses!

D'autre part, vous entendrez les personnes accoutumées à partager leur patrimoine avec ceux qui souffrent se plaindre de tout ce qui présente l'apparence de rigueur envers les classes indigentes : pourquoi vouloir détruire la mendicité? L'état de pauvreté n'est-il pas inhérent à la nature des sociétés humaines? Le christianisme ne nous a-t-il pas fait une loi de l'aumône? Bannissons de vaines théories; ne cherchons point à combattre les lois tracées par le créateur de l'univers!

Messieurs, les maisons d'interrogation, de refuge et de travail répondent victorieusement à ces deux classes d'objections, en ce que, d'une part, elles tendent à diminuer le nombre des mendians, et d'autre part, à améliorer le sort des classes indigentes.

Elles tendent à diminuer le nombre des mendians; car elles ne permettent pas la mendicité publique; elles assujétissent ceux qui commettent ce délit aux investigations, aux recherches, elles contraignent le mendiant valide à subir la loi du travail, et le conduisent, en cas d'indocilité, à la captivité, et aux peines correctionnelles.

Elles tendent à améliorer le sort des pauvres ; car elles donnent asile au mendiant laborieux, lui amassent un pécule, et le rendent à la société.

Instrumens de police, elles assurent l'exécution des lois, et tendent à prévenir tout désordre.

Instrumens de charité, elles traitent les malheureux avec bienveillance, les soutiennent dans l'adversité, et leur préparent les moyens de retour à une situation plus prospère.

Leur action sera salutaire, sociale, nécessaire, aussi long-temps qu'elles se borneront à fonctionner dans le cercle que nous venons de tracer.

Elles pourraient, nous le pensons, ouvrir une voie dangereuse, si leur administration était assez imprudente pour sortir de ce cercle, pour offrir au mendiant un asile sans condition, et au pauvre un secours sans discrétion ; mais on ne peut douter que vos efforts ne tendent, Messieurs, à conserver scrupuleusement la nouvelle fondation dans la limite qui lui appartient, et dont je vais résumer les caractères principaux.

Résumé de ce qui précède.

Placée sous l'autorité du Préfet de police, elle tend à prévenir la rechûte, et l'endurcissement dans l'habitude de mendier.

Elle accueille le malheureux qui s'est abaissé jusqu'à implorer publiquement la pitié, elle emploie tous les moyens de retarder ou d'éloigner définitivement la dégradation qui le menace. Avant de l'écrouer, de le condamner, de le flétrir, comme faisaient nos anciennes lois, restées sans exécution à cause de leur dureté même, elle fournit les moyens de le changer, de le régénérer, de le ramener à des habitudes dignes d'encouragement.

On laissera le mendiant valide à toute la dureté de sa position, on le réduira aux alimens les plus indispensables s'il refuse de travailler; on adoucira son sort, au contraire, en proportion des efforts qu'il fera pour s'améliorer, et contracter des habitudes sociales.

On soutiendra le courage du mendiant dont les bras ont toujours été inactifs, on lui apprendra les moyens de se soutenir par le travail.

On aidera le mendiant valide, et devenu laborieux à acquérir un pécule qui permette de le rétablir dans un domicile.

Enfin on ne se bornera pas à enfermer les mendians pour délivrer la ville de l'importunité de leurs demandes et du spectacle de leurs douleurs, c'est surtout à leur faire espérer et atteindre un sort meilleur que tous les efforts devront se diriger.

Conçu de cette manière l'établissement nouveau deviendra l'auxiliaire de l'administration des secours à domicile par l'épuration de la classe pauvre, et par le nombre de renseignemens qu'il pourra lui transmettre sur les indigens qu'il renverra dans leurs demeures.

Auxiliaire du ministère public, il assurera la répression de la mendicité coupable.

Auxiliaire des établissemens hospitaliers, il augmentera les ressources d'un grand nombre de personnes nécessiteuses, dont il relèvera le courage, et dont il améliorera la position.

Utile aux classes riches de la société, il les affranchira des importunités du mendiant.

Nécessaire à l'ordre public, il s'efforcera de rendre paisible et digne de protection une classe d'hommes qui était devenue le scandale et la terreur de leur patrie.

Disons-le, Messieurs, les tentatives faites jusqu'à présent pour approcher de ce but devaient échouer, parce qu'elles étaient faites sans l'appui préexistant d'une investigation active, parce qu'elles conduisaient à comprendre dans une même proscription le crime, le vice, et le malheur !

Mais lorsqu'une administration vigilante s'occupera chaque jour de classer les personnes qui se présenteront pour mendier sur la voie publique; lorsque cette administration pourra diriger ces mendians, soit sur les départemens, s'ils sont étrangers à la ville de Paris; soit vers les ateliers, s'ils se trouvent sans travail; soit vers les secours à domicile, s'ils ont une famille; soit vers les hospices s'ils sont infirmes; soit vers la maison de refuge, si leurs maux sont temporaires; soit enfin vers les maisons de répression, si leur mendicité devient anti-sociale, nous ne craignons point d'affirmer que le système général de protection du pauvre sera complet dans la capitale, et que ce résultat deviendra l'objet de l'émulation de tous les chefs-lieux du royaume !

Les chefs-lieux du royaume !.... Je n'aurai point prononcé cette expression, Messieurs, sans que vous me permettiez de jeter un regard sur les causes qui retarderont encore pendant long-temps l'extinction de la mendicité en France.

Aperçu des moyens généraux d'extinction de la mendicité en France.

Cette digression, en terminant la première partie de mon travail, me permettra de vous exprimer le vœu que j'ai trouvé dans plusieurs écrits adressés à la Préfecture par MM. les souscripteurs, vœu que je développerai avec d'autant plus de plaisir que je le partage sincèrement.

Peut-être m'arrêterez-vous en me disant que nous sommes appelés à préparer par nos travaux, l'extinction de la mendicité à Paris, et qu'il n'entre pas dans nos devoirs de nous occuper de cette extinction dans tout le reste de la France.

Ce scrupule, je l'avoue, ne me retiendrait pas; les intérêts de la capitale, et les intérêts du royaume me paraissent étroitement unis, et les réflexions générales sur lesquelles j'appelle votre attention s'appliquent également à la France, et à sa capitale.

Paris n'est pas la seule ville qui songe à fonder une maison de refuge, outre l'exemple de Bordeaux, Lyon, Lille, Nantes, Marseille, La Rochelle, se préparent à suivre la même impulsion, et à étendre leur sollicitude jusqu'à la source du fléau de mendicité.

Ce sont là, Messieurs, les élans généraux produits par la tendance au bien-être général qui s'est universellement manifestée, en France, depuis l'établissement du gouvernement constitutionnel, ce sont des efforts qu'il faut encourager au lieu de les rallentir, et qui seront d'autant plus efficaces qu'ils se réuniront vers un même but.

Pour tendre à ce résultat, il faut connaître les moyens de l'obtenir, et il m'a paru qu'aucune occasion plus convenable ne pouvait m'être offerte d'indiquer les vues qui me paraissent efficaces pour procurer cette amélioration des institutions municipales.

Quatre moyens peuvent opérer en l'extinction totale de la mendicité, savoir : l'éducation primaire, la prohibition suivie de répression, les maisons de refuge, et les colonies de défrichemens à l'intérieur de la France pour les mendians valides, et les prisonniers.

Dix ans après que l'action de ces quatre moyens aura été concurremment obtenue, la mendicité aura complètement disparu.

Aussi long-temps que ces quatre moyens ne seront pas généralement employés, des traces plus ou moins profondes du délit de mendicité affligeront l'ordre social.

Ceci posé, examinons sommairement si l'époque d'extinction totale est encore éloignée, et ce qu'il faudrait faire pour en rapprocher le délai.

L'éducation primaire a reçu, en France, depuis quinze ans des perfectionnemens notables, on est beaucoup plus généralement pénétré de son importance, et disposé à voir unir à l'instruction religieuse l'enseignement élémentaire et industriel, je ne crains pas de dire qu'il suffirait désormais de bâtir des salles d'écoles, et des logemens d'instituteurs dans les grandes villes, pour voir les salles peuplées par les enfans, et les maîtres payés par l'affluence des élèves, le zèle des parens, et celui des protecteurs, si le Gouvernement et les hommes de bien veulent faire à cet égard de mutuels efforts, la génération actuelle s'élèvera dans l'amour du devoir, du travail, et de l'ordre; or, ces habitudes sont incompatibles avec la bassesse et l'indolence qui conduisent à la mendicité.

Sous le rapport de la prohibition, les lois pourront être perfectionnées; les ordonnances royales pourraient en plusieurs points les préparer, et des ordonnances municipales semblables à celles du 20 septembre 1828, anticiper dès à présent sur un meilleur avenir : cette deuxième portion du plan est donc la plus facile à procurer, mais elle n'est point la moins essentielle, car pour parvenir à éteindre la mendicité, il faut que nul ne puisse se promettre paix et repos dans le métier de mendiant, et que la répression soit active et sévère.

Sous le rapport des maisons de refuge et de travail, il n'y a peut-être pas plus de cent villes en France qui puissent posséder les moyens d'organiser une maison de travail et de régénération, mais ce nombre suffirait aux besoins du royaume, s'il existait en outre dans chaque chef-lieu d'arrondissement un bureau d'interrogation et un séjour temporaire pendant le temps d'épreuve et d'informations, cette enquête préalable suffirait pour détourner un grand nombre de pauvres du projet de mendier, et permettrait, après examen, de les recommander dans le lieu de leur domicile, et de les diriger, selon les circonstances, soit vers leurs demeures, soit vers les hospices et refuges placés aux chefs-lieux des départemens.

Malheureusement presque toutes les communes de France sont dépourvues de secours à domicile, d'hôpital, de prison, de dotation quelconque destinée à procurer ces divers établissemens municipaux, et c'est là le plus grand obstacle, l'obstacle long-temps insurmontable qui suspendra pendant un temps indéfini l'avenir que nous appelons de nos vœux; les Chambres législatives s'occupent en ce moment des formes d'administration de nos communes, mais elles devront s'occuper ultérieurement de fournir aux administrations municipales les moyens de donner la protection locale, et de procurer l'exécution des lois; or, on ne peut se dissimuler que cette dernière époque ne soit encore très-éloignée, et la plus difficile de toutes à produire et à rapprocher.

En vain dirons-nous que les lois établissent un domicile de secours, que chaque commune doit soutenir ses pauvres, et réprimer ses mendians; en vain les grandes villes, en s'acquittant de ce devoir, frapperont-elles les petites communes de la répercussion d'une population parasyte qu'elles ne voudront plus soutenir, la difficulté de trouver des ressources locales ne subsistera que trop long-temps, et c'est assurément le côté le plus grave de la question qui nous occupe en ce moment.

Quant aux défrichemens à opérer par les mendians valides, et par les prisonniers, il est désirable que le Gouvernement, les communes, et les particuliers puissent se livrer le plus tôt possible à ce genre d'essais et d'expériences. Il consiste à s'assurer de landes incultes mais de bonne nature, à bâtir dans le voisinage une maison de surveillance, et un grand nombre de petites habitations, et à favoriser 'établissement de pauvres, de mendians, et de prisonniers dans ces petites habitations aussitôt qu'un pécule acquis, ou la générosité d'une société, ou celle d'un bienfaiteur permettent à ce mendiant ou à ce prisonnier de devenir acquéreur pour son compte de l'habitation qui lui est abandonnée, moyennant un prix, et à titre de propriété.

Ce moyen de prospérité publique et d'amélioration des classes pauvres a été essayé depuis dix ans avec succès en Hollande sous la protection d'un prince royal; les landes de Frédéric-Oord, et de Wortel, sont devenues des champs fertiles, et procurent la nourriture d'une génération nouvelle.

Cette dernière mesure paraît essentiellement liée aux trois autres que j'ai indiquées, pour procurer l'entière extinction de la mendicité : à défaut de l'employer, les mendians obstinés et relaps gémissent dans les prisons où ils contractent les vices les plus affreux, et deviennent indignes d'être rendus à la liberté. Un certain nombre de mendians sont convertis en prisonniers, et si le scandale extérieur cesse, l'humanité continue de gémir, et se révolte même à l'idée d'une dégradation aggravée par les horreurs de la captivité.

Par le système de la colonisation, au contraire, les mendians deviennent des cultivateurs utiles, ils sont éloignés de l'existence pestilentielle des villes, ils reprennent la santé et les habitudes de l'homme des champs, et ils perpétuent une classe d'hommes laborieux, tandis que l'oubli, la dissolution et la mort, étaient les seules conséquences de leur emprisonnement.

Les amis de l'humanité doivent d'autant plus désirer de voir les essais se faire et se reproduire, que s'ils réussissent aux prisonniers mendians, ils pourront être essayés ultérieurement sur les prisonniers correctionnels et criminels, sur les forçats libérés, et sur toutes les classes inquiétantes pour la société, qui deviendraient par ce moyen des classes régulières et subordonnées.

Voilà, Messieurs, des idées très-rapidement, très-imparfaitement exprimées, mais je parle devant des hommes auprès desquels les sentimens généreux trouvent un accès facile et favorable. Conclusion de la première partie.

C'est à eux, placés dans les conseils du prince et dans les assemblées législatives, à discerner ce qui peut être utile dans les pensées que je me permets d'émettre sur le sujet qui nous occupe.

Il m'a paru qu'il n'était pas inutile à la mission dont nous sommes chargés de commencer notre exercice par indiquer la place que doit tenir la maison de refuge dans les institutions municipales ; trop souvent un certain enthousiasme pour la nouveauté entraîne les fondateurs à se figurer que l'objet dont ils s'occupent suffit seul à faire disparaître tous les maux, et doit atteindre un premier rang d'importance : j'ai voulu prévenir les inconvéniens de cette espèce d'engouement, faire voir que l'établissement dont nous nous occupons est placé sur la ligne qu'il faut parcourir pour arriver au but que nous nous proposons, qu'il sera une création nouvelle, utile, impérissable, mais que loin d'être le complément de tout un systême, il n'est qu'un pas de plus fait vers le bien, et qu'après lui de nouveaux efforts seront nécessaires pour procurer le résultat auquel doivent tendre tous les cœurs français.

DEUXIÈME PARTIE.

Des dépenses nécessaires pour la fondation d'une maison de refuge et de travail à Paris, et des moyens d'y subvenir.

Maintenant que les moyens d'extinction de la mendicité ont été indiqués et spécialisés, il devient évident que la maison de refuge ne devra pas donner asile à un très-grand nombre d'individus à titre de logement, de séjour, et que ses ateliers ne devront être préparés, quant à présent, qu'en proportion du nombre présumé des ouvriers.

Voici quelques renseignemens sur la quotité de mendians à l'égard desquels la maison de refuge pourra, chaque année, devenir nécessaire.

Ressources actuelles du dépôt de Villers-Cotterêts.

Lorsqu'en 1808 fut ordonnée la création du dépôt de mendicité, les rapports faits à cette époque évaluèrent à plusieurs milliers le nombre des individus sur lesquels devaient s'étendre les mesures répressives de la mendicité.

Le décret portant création de ce dépôt ordonna d'y faire les préparations nécessaires pour recevoir mille habitans.

Ce nombre eût été certainement dépassé si le gîte eût été tenable, mais on ne put laisser séjourner dans ce lieu que des êtres réduits à la misère la plus incurable, aux infirmités, au découragement, à l'indolence, tout ce qui conserva un reste d'espérance et d'activité, se hâta de réclamer son élargissement.

Le nombre de ces malheureux fut presque toujours de six à sept cents, il était de sept cent douze la semaine dernière, ils vivent en état de surveillance administrative, mais leur liberté n'est aliénée par aucune sentence judiciaire.

Ressources du dépôt de Saint-Denis.

La maison de Saint-Denis contient en outre dans un état d'emprisonnement, sept cent trente-cinq vagabonds, condamnés par les tribunaux pour fait de mendicité et de vagabondage. Elle pourrait en contenir neuf cents, si l'insalubrité et la vétusté de ses bâtimens ne devaient pas faire songer à une reconstruction prochaine, ou à l'abandon de cette localité.

Quotité des mendians tolérés dans la ville jusqu'à l'ouverture du refuge.

Près de cinq cents mendians séjournent encore dans la ville autour des églises, et à certaines places connues pour offrir meilleure chance à la recette des aumônes répandues sans information.

Calcul sur ces trois chiffres.

C'est dans ces trois classes que se trouve le choix à faire pour peupler la maison de refuge.

On peut supposer que sur les quatre ou cinq cents mendians qui peuplent encore la ville, cent cinquante devraient chercher leur soutien dans le travail, ci. 150

Sur les sept cents détenus de Saint-Denis, cent cinquante pourraient se trouver capables sous peu de temps, après l'expiration de leur peine, de contracter des habitudes meilleures par le régime du refuge, ci. 150

Sur les sept cents de Villers-Cottrêts, cinquante au plus, pourraient être soumis à cet essai, ci. . . . 50

350

C'est donc à vers quatre cents que s'élève le nombre des mendians auxquels devra, sous peu de temps, s'appliquer le bienfait du refuge, mais sur ce nombre deux cents, peut-être, pourraient habiter la ville, et se rendre seulement chaque jour aux ateliers, et deux cents devraient être astreints à un régime plus sévère et plus régulier.

Telle fugitive et variable que soit la base de ce calcul, il est toujours certain que le refuge doit contenir trois cents lits au moins, et quatre cents au plus, et qu'il doit fournir la nourriture à un nombre égal de personnes.

Cette quotité il faut le dire, est plutôt susceptible de diminution que d'augmentation.

Outre l'influence des moyens généraux d'extirpation de mendicité dont il faut espérer que le Gouvernement s'occupera prochainement, il est certain que le seul régime de la prohibition, et de l'investigation administrative, fait fuir les mendians, et en réduit chaque jour le nombre.

Effets déjà produits par la prohibition dans Paris.

Un bref aperçu de cette influence sur le pavé de la capitale, depuis le mois d'octobre dernier, doit à cet égard vous donner quelque confiance!

Plus de cent quatre-vingts mendians depuis six mois ont rejoint leur domicile d'origine, quelques-uns en partant, ont loué l'intérieur d'une diligence pour eux et leur famille, l'état de mendiant leur avait été profitable.

Trente à quarante ont été retirés de la voie publique par des parens aisés qui n'ont pas voulu souffrir que leur nom fût mêlé à des procès-verbaux d'arrestation, assez vils pour autoriser la mendicité des membres de leur famille, ils n'ont pas voulu que leur conduite fût mise au grand jour de la publicité.

Soixante à soixante-dix ont été réclamés par des protecteurs qui se sont chargés de leur procurer du travail ou autre moyen d'éviter leur rechûte en état de mendicité.

Quarante à cinquante prétendus estropiés, infirmes, couverts de plaies, se sont trouvés guéris par ordonnance de police.

Voilà donc trois cent cinquante mendians qui depuis six mois se sont effacés eux-mêmes de la liste des exploitans de la compassion publique.

Nul doute que ce nombre de déserteurs de la mendicité ne se fût encore accru si les mesures de sévérité avaient été portées plus loin; il suffit par exemple qu'il soit dit et publié qu'au 1er octobre prochain, aucun mendiant d'aucune espèce ne sera toléré dans l'enceinte de la capitale pour que tous les mendians qui affluaient des provinces se pourvoient d'autres moyens de subsistance, et pour qu'une partie de ceux qui continuent de mendier s'arrangent pour trouver d'ici à quelques mois d'autres manières d'exister.

D'après ces détails, il est possible de calculer d'une manière approximative l'effet du nouveau régime fondé par l'ordonnance de prohibition. Effets futurs.

Au mois de septembre dernier, les maisons de Saint-Denis et Villers-Cotterêts contenaient, à elles deux, douze cents reclus, ou prisonniers, pour cause de mendicité et de vagabondage.

Un nombre à peu près égal de mendians libres parcouraient les rues de la ville.

En supposant que quatre cents soient disparus définitivement de ce nombre pour éviter des poursuites, deux mille encore restent sous l'anathème des lois.

Que quatre ou cinq cents, dignes de soins et susceptibles de régénération, soient l'objet de la sollicitude du refuge, quinze cents continueront d'être reclus, savoir : à Saint-Denis pour expier leurs délits, et à Villers-Cotterêts pour cause d'infirmités incurables.

C'est sur ces quinze cents que devra se porter l'attention de l'autorité supérieure, afin qu'une administration hospitalière prenne soin des infirmes de Villers-Cotterêts, et qu'un régime nouveau de colonisation et de travail vienne enfin dissiper ce régime immoral de l'inactivité des prisonniers.

Au provisoire, les ressources affectées aux dépôts de Saint-Denis et de Villers-Cotterêts pourraient continuer de soutenir ces deux maisons, et même se reporter en partie sur le refuge, s'il admet, selon les indications que je faisais tout à l'heure cent cinquante détenus choisis au nombre de ceux qui habitent en ce moment Saint-Denis, et cinquante reclus choisis parmi ceux qui ont été jusqu'à présent déposés à Villers-Cotterêts, ces dispositions de moyens pourront être l'objet de la sollicitude des administrateurs du département de la Seine, il ne nous appartient point de dire quand et comment ces améliorations pourront être obtenues, seulement, nous sommes heureux de pouvoir appeler l'attention sur des objets si dignes de méditations, et de prouver par des faits et par des chiffres, quelle doit être l'importance du service que peut rendre la maison de refuge, dont nous préparons la fondation..

Quotité probable de la dépense.

D'après les bases que je viens d'indiquer, on peut porter à trois cents cinquante le nombre de personnes qui recevront chaque jour les secours du refuge, en portant à 50 centimes par jour la dépense de ce nombre de personnes, elle s'éleverait à 63,775 fr. par chaque année.

Cette somme paraît supérieure à celle qui sera annuellement dépensée par les raisons qu'on va déduire.

Premièrement, le refuge de Bordeaux, qui ne contient que trois cents personnes infirmes, caduques ou valides, ne dépense que 44 centimes par jour pour chacun de ses admis; or, plus il y a d'admis, moins la dépense de chacun s'élève proportionnellement, à cause des frais généraux qui s'appliquent à tous.

Secondement, le refuge de Paris ne contiendra que des travailleurs, et une portion du produit de leur travail viendra en déduction des dépenses de la maison.

Moyens de recette

Le produit des ateliers des prisons n'allège la dépense des prisonniers que dans la proportion du dixième de ce qu'ils coûtent; mais ce produit s'obtient au milieu de difficultés qui n'existeront pas dans des ateliers libres (1),

---

(1) Les ateliers des prisons sont d'un succès difficile : premièrement, à cause du court séjour de la plupart des prisonniers, secondement, à cause de l'impossibilité de placer près d'eux des contre-maîtres libres, qui multiplieraient les moyens d'évasion et de communication au dehors ; troisièmement, à cause de la nature des travaux qui peuvent s'en-

et par cette raison on peut porter à près du tiers de la dépense la part qui se prélèvera sur leurs travaux pour la dépense de l'établissement.

Ce serait donc une somme de 40 à 50,000 francs qu'il faudrait dépenser chaque année pour soutenir un établissement aussi utile que le refuge.

Si le travail des ouvriers doit être, dans tous les cas, insuffisant pour la dotation de cet établissement, il est une autre ressource sur laquelle on doit infailliblement compter, et dont il s'agit seulement de régler et de surveiller le recouvrement, cette ressource se trouvera dans la réunion des sommes qui se dépensaient chaque année en aumônes sur la voie publique.

En effet, nous avons dit tout à l'heure qu'en 1828 et dans les années précédentes douze cents mendians vivaient d'aumônes dans nos rues et dans nos carrefours; quelques-uns gagnaient à ce métier 12 et 15 francs par jour, ne prenons pas cette chance pour base, et calculons seulement à cinquante centimes chaque jour ce qu'ils recueillaient, il vous sera prouvé qu'une somme de 219,000 fr. se versait chaque année sur la voie publique sans discernement, et au grand détriment de la morale et de la société.

C'est à organiser le recouvrement de cette somme de

---

treprendre avec les deux circonstances gênantes qu'on vient d'indiquer. Mais le mendiant admis au refuge, n'y étant point en état de pénalité, rien n'empêche de favoriser l'établissement d'ateliers libres dans la maison, ateliers dans lesquels les ouvriers inhabiles se trouveront sous la direction d'autres ouvriers exercés et non-refugiés.

200,000 francs que votre comité de comptabilité me paraît devoir aviser; et s'il parvient à recueillir cette ressource, nul doute que les recettes ne dépassent promptement les dépenses, et qu'il ne soit possible d'appliquer cet excédent de ressources, soit à la fondation perpétuelle de la dotation du refuge, soit à la création des institutions nécessaires pour l'extinction de la mendicité, non-seulement dans Paris, mais, par suite, dans la France entière.

Moyens de dotation au profit de tout le royaume.

Peut-être y aurait-il lieu d'examiner si l'époque actuelle ne fournit pas l'occasion de fonder une société française semblable à ces sociétés de bien public qui ont produit en Hollande de si prodigieux effets, des souscriptions de plusieurs taux sont la base de ces associations, et des résultats rendus publics, et développés avec le concours des souscripteurs sont le fruit de ces réunions de citoyens animés du même esprit de perfectionnement de l'ordre social.

Moyens spéciaux pour le refuge de Paris.

Telle que soit l'opinion du Conseil sur l'organisation d'une société générale et française, il y aura également lieu d'examiner les moyens et le plan d'organisation d'une société de souscripteurs dans la capitale, la maison du refuge, fondée à Paris, aux frais de plusieurs milliers de souscripteurs, ne doit jamais cesser d'entretenir des relations avec la population parisienne; l'administration de l'établissement doit chercher à trouver des points de correspondance dans chacun des quarante-huit quartiers de cette grande ville, et il doit résulter de cette correspondance des moyens d'inspection et de perfectionnement que ne doivent dédaigner, ni l'administration du refuge, ni l'administration générale de la cité.

Le désir de s'associer à la protection des intérêts municipaux appartient à un sentiment louable, il est le germe de cet esprit public, puissant levier des Gouvernemens, et il a produit, en cette occasion, des résultats trop importans pour qu'il soit permis de laisser éteindre l'ardeur qui s'est manifestée, et de méconnaître les sentimens généreux qui ont rivalisé de toutes parts.

Proposition au nom des Souscripteurs.

Pendant que je parle du zèle de MM. les Souscripteurs, je dois dire que plusieurs d'entre eux, non contens de déposer des souscriptions, ont envoyé aussi des travaux, et même des livres contenant des projets sur l'extinction de la mendicité, j'ajouterai qu'ils sont tous explicitement unanimes sur la nécessité d'arriver à fonder des colonies de défrichement à l'intérieur de la France pour occuper les mendians valides et les prisonniers; ce vœu est tellement prononcé, que le Conseil jugera probablement convenable d'autoriser des dépenses pour encourager l'étude de ce sujet de méditations, et pour fournir les moyens d'aller chercher, et de rapporter en France quelques renseignemens graves sur ce qui a été produit dans le royaume des Pays-Bas par ce genre de secours publics.

J'insiste d'autant plus sur ce point, que les calculs posés tout à l'heure vous ont fait voir que sur deux mille mendians à Paris, quinze cents seraient réduits à la prison, ou à une position équivalente, même après la fondation du refuge; que sur les cinq cents admis à l'épreuve de la maison de travail, cent, et peut-être plus, retourneront à leurs primitives habitudes de débauche et de paresse, et devront être, légalement, rétablis en prison.

Or, s'il résulte de nos calculs que les mesures répressives du délit de mendicité aboutissent en définitive à augmenter le nombre des prisonniers, il est évident qu'en s'occupant d'éteindre la mendicité, il faut aussi s'occuper de l'amélioration du sort des prisonniers, ces deux questions sont connexes et inséparables.

La colonisation des indigens à l'intérieur de la France est d'ailleurs un sujet de méditation trop grave, trop intéressant, trop étudié par un grand nombre de bons esprits, pour qu'il soit possible de retarder ce qui peut fixer l'opinion; c'est un vœu contenu dans un grand nombre de souscriptions écrites, et je me plais à vous en répéter l'expression.

Autres proposition à examiner ultérieurement.

Plusieurs de MM. les Souscripteurs ont fait des propositions sur les moyens d'augmenter, par des inventions et des spéculations, les ressources annuelles du refuge; je ne pourrais vous donner ici l'analyse de ces projets sans excéder les bornes d'un rapport général.

J'aurai occasion de les rappeler au Conseil dans une séance ultérieure : il est temps de vous dire quelles sont les ressources actuelles de la souscription :

Sommes déjà reçues ou promises.

Onze mille sept cent trente-une souscriptions présentent un fonds de près de sept cent mille fr., ci. .	700,000 fr.
Si on déduit de ce vote général les sommes encaissées.	372,218
Il reste à recevoir.	327,782 fr.

Ces souscriptions continuent tous les jours, et se multiplient sous toutes les formes : plus de 60,000 francs ont été encaissés depuis un mois; elles se continueront encore tout le reste de l'année, et pourront se répéter en partie dans les années suivantes; les quatre-vingt-dix centièmes des souscripteurs ont déclaré que les bourses se rouvriraient avec empressement dès que la maison de refuge et de travail serait ouverte et mise en activité.

Ces sommes ont été, par fraction de 50,000 fr., déposées à la caisse des consignations, aussitôt après leur réception.

Les ressources déjà acquises permettent donc, amplement, d'ouvrir une maison de refuge d'une proportion convenable pour effectuer tout ce qu'on peut attendre d'elle, et l'avenir doit nous promettre les moyens de l'entretenir et de la doter.

Que tous les habitans de Paris veuillent bien se souvenir de l'ordonnance de 1656; qu'ils dirigent vers la Préfecture toutes les sommes dont ils faisaient l'abandon irréfléchi aux mendians; qu'ils s'imposent, en mémoire du grand Roi, une amende de 4 francs toutes les fois qu'ils auront désobéi à ce précepte, et le projet admirable d'éteindre la mendicité aura reçu son exécution complète à Paris en 1829, et deviendra chaque année, en France, d'une exécution plus facile.

TROISIÈME PARTIE.

EXÉCUTION.

§ I. — *Mesures déjà arrêtées.*

Depuis six mois que M. le Préfet de police s'occupe de fonder à Paris une maison de refuge et de travail, depuis six mois que cette intention est annoncée au public, trente-deux propositions ont été faites de la part de divers particuliers qui ont désiré vendre ou louer leurs propriétés, pour cette destination. Par la plus grande partie de ces propositions, il a été fait offre de terrains non bâtis, et cette circonstance seule devait les faire rejeter, vous savez dans quelles lenteurs et dans quelles dépenses entraînent les constructions, surtout lorsqu'elles sont dirigées par des préposés d'administration, ce parti n'a jamais paru susceptible d'examen.

Parmi les propositions relatives à des propriétés bâties, plusieurs étaient d'une si haute valeur que le seul prix de leur acquisition excédait les forces présentes et futures de la souscription.

Quelques-unes étaient composées de terrains si vastes en proportion des bâtimens, qu'il fallait débourser des sommes considérables pour jouir de peu de chose, et courir les chances d'une revente.

Plusieurs étaient situées dans des rues habitées, avec voisinage très-prochain, et très-immédiat, d'habitations particulières, ou bien leurs bâtimens étaient placés sans aucune distance, ni séparation de la voie publique.

La difficulté principale était de trouver un local tout bâti, simple, décent, vaste dans sa construction, d'une distribution facile et variable, selon la plus ou moins grande extension d'une institution dont le modèle n'existe encore nulle part.

Le succès a favorisé cette recherche, et a fait trouver ce qui pouvait convenir.

C'est un terrain bâti et clos de murs de forme trian- Avantages de l'emplacement choisi.

gulaire, faisant face sur trois rues presqu'inhabitées, près du boulevard des Gobelins, et réunissant ainsi la condition essentielle, pour la police, d'une position à l'intérieur des murs de Paris, et cependant les avantages de la campagne sous le rapport de l'air, de l'isolement, et du plus bas prix du terrain.

Dans cet emplacement situé rue de l'Oursine, faubourg Saint-Marcel, se trouvent les restes de l'ancien couvent des Cordelières, composés de deux grands corps de bâtimens, et de plusieurs corps-de-logis accessoires; chacun de ces bâtimens est composé d'un rez-de-chaussée et quatre étages, en comptant le comble; chacun de ces étages présente une seule pièce de la longueur de cent soixante pieds; chacuns de ces bâtimens sont aérés des deux côtés par un grand nombre de fenêtres qui ne laissent rien à désirer sous le rapport de la circulation de l'air.

Cet espace permettrait de placer trois cents lits, même en réservant le rez-de-chaussée pour ateliers, promenoir, ou réfectoire, ou autre genre de service, on pourrait accroître ce nombre en cas de nécessité.

Quatre cents toises carrées de cours et terrains entourent les bâtimens; ces cours et terrains sont, de toutes parts, entourées de murs élevés, sur lesquels peuvent être à volonté adossés des hangards dans lesquels pourront être pratiqués des ateliers au fur et à mesure, sans dépenses considérables, et surtout pour des services dont l'utilité devra être d'avance examinée.

Les bâtimens ne présentant d'autre distribution actuelle que celle des gros murs extérieurs, toute division devient possible et variable au moyen de cloisons portatives, et de hangards mobiles, enfin ce local réunit les avantages de se trouver à Paris, dans un quartier où les propriétés ne sont pas d'un prix élevé ; de plus, il présente les bâtimens principaux tout construits avec la solidité des anciennes constructions monastiques, et sans qu'aucune distribution intérieure puisse gêner les dispositions à prendre pour un établissement variable dans son étendue.

Nécessité de ce choix.

M. le Préfet aurait désiré pouvoir retarder jusqu'à l'agrément du Conseil le choix de ce local, tout convenable qu'il lui paraissait, mais plusieurs circonstances l'ont obligé à ne pas différer ce choix.

Premièrement, les propriétaires offraient ce local soit à titre de bail, soit à titre de vente, et il y avait avantage à faire bail dans une propriété dont le prix, ne s'éloignant pas des forces de la souscription, laissait l'espérance d'une acquisition ultérieure.

Secondement, ce local, tout inoccupé qu'il était, se trouvait dans les liens d'une location précédente qu'il importait de résilier pour n'avoir à traiter qu'avec les propriétaires, M. le Préfet crut devoir les autoriser à traiter dans tous les cas de cette résiliation, pour pouvoir requérir, à sa volonté, l'entrée en jouissance des lieux.

Troisièmement, les propriétaires qui se trouvaient par cette résiliation chargés d'une propriété sans location, firent la proposition de livrer leur immeuble, soit à titre de bail, soit à titre de vente, et de laisser fixer le prix de bail, comme le prix de vente à des experts respectivement choisis par M. le Préfet et par les vendeurs. Cette proposition loyale et exempte de toute surprise détermina

M. le Préfet à signer un traité conditionnel de bail ou de vente, qui sera soumis à votre examen, et qui vous procure l'avantage de pouvoir essayer trois ans le régime du refuge dans un lieu tenu à bail, ou de faire l'acquisition de ce local s'il vous convient d'ordonner cette acquisition.

Formalités préliminaires à l'entrée en possession.

Depuis le traité, un plan de la propriété a été dressé par les architectes des deux parties, l'estimation des bâtimens a été faite par les mêmes architectes, afin qu'en cas d'impenses non suivies d'achat, la valeur actuelle des bâtimens fût dès à présent fixée. Les experts ayant été d'accord sur cette évaluation, rien ne s'oppose plus à ce que les dispositions que vous ordonnerez soient exécutées pendant la belle saison qui va s'ouvrir, et tout annonce que les mesures répressives de mendicité pourront être mises en exécution complète le 20 septembre prochain, c'est-à-dire un an, jour pour jour, après le moment où elles auront été décrétées.

§ II. *Mesures à prendre.*

Je n'ai plus que quelques mots à dire, et ma tâche d'aujourd'hui sera terminée.

Vous avez été depuis un mois, Messieurs, sollicités plusieurs fois par des personnes qui vous demandent d'être admis à titre d'employés dans le nouvel établissement : afin d'éviter les demandes inutiles, et aussi, pour indiquer dès ce moment l'esprit d'économie et de régularité qui doit présider à l'organisation du refuge, M. le Préfet vous propose de décider,

Que toutes les nominations d'emplois seront faites par le Conseil en séance, à la majorité des voix;

Que ces emplois seront en première ligne,

Celui de Directeur,

Chef des ateliers,

Secrétaire comptable.

Que chacun de ces trois fonctionnaires ne recevra une commission définitive du Conseil qu'après six mois d'épreuve et d'essai.

Que les deux premières places pourront être en outre l'objet d'un concours.

Que le Directeur, pour remplir les fonctions de Commissaire de police à l'intérieur de la maison, devra être proposé à la nomination de Sa Majesté après le temps d'essai, que jusqu'à cette époque, il sera assisté d'un Commissaire de police, qui lui sera adjoint *ad hoc* par la Préfecture;

3° Que sous le rapport du culte religieux, un Aumônier sera attaché à la maison, y sera logé, et y touchera un traitement provisoire, dès le jour auquel il aura été désigné par les supérieurs ecclésiastiques, mais ne recevra de nomination définitive du Conseil qu'après six mois d'exercice effectif, et preuve de talent nécessaire à cette position;

4° Que sous le rapport du service de santé, un jeune Docteur en médecine résidera habituellement dans la maison, y sera appointé, et chargé en même temps de la pharmacie.

Q'en outre, un Médecin *gratuit* et un Chirurgien *gratuit* seront appelés dans les cas graves, et porteront le titre de Médecin en chef, et Chirurgien en chef de la Maison de refuge et de travail de Paris.

Que le service intérieur de la maison, sous le rapport

de la cuisine, de l'infirmerie et de la lingerie sera confié à des sœurs hospitalières.

Que le service des salles, des cours et des ateliers, sera confié à des préposés, sous les ordres du Directeur, et choisis notamment parmi les admis valides qui mériteront cette confiance.

Le personnel étant ainsi réglé, toute demande qui ne rentrerait pas dans ce cadre serait provisoirement écartée.

Tels sont, Messieurs, les renseignemens essentiels et les pensées principales que j'ai pu réunir pour vous en présenter le faisceau dès le commencement de nos travaux; il eût été certainement préférable de vous entendre d'abord discuter sur le sujet qui nous rassemble, et d'avoir à retracer vos inspirations de préférence aux miennes; mais dans votre dernière séance, vous avez cru devoir me charger d'un rapport général, je l'ai fait d'après mes études, et selon ma conscience; s'il contient quelques erreurs, votre indulgence daignera m'aider à les rectifier.

Après la lecture de ce Rapport, le Conseil a ordonné qu'il serait imprimé, et distribué aux trois Comités du Conseil pour être ultérieurement examiné.

Il a autorisé M. Cochin à le publier, et même à le vendre au profit des écoles primaires dont il est fondateur.

RÉSUMÉ

DES PROCÈS-VERBAUX DU CONSEIL DU 27 MARS 1829 AU 10 NOVEMBRE SUIVANT.

Le Rapport qui précède a été examiné, et discuté dans chacun des trois comités séparément: cette discussion étant terminée, on est convenu de s'assembler en séance générale le 30 avril 1829.

Les bases du Rapport de M. Cochin ont été approuvées à l'unanimité dans la séance du 30 avril, il a été décidé que l'établissement d'une Maison de refuge et de travail serait préparé à titre d'essai, en se conformant aux idées exprimées dans le Rapport du 27 mars 1829.

On a demandé au comité d'études générales s'il avait préparé un projet d'ordonnance royale pour déterminer la nature de l'établissement futur, et ses relations avec l'autorité publique; mais ce comité a répondu (voyez le procès-verbal du 30 avril): « qu'il fallait d'abord essayer d'un « établissement nouveau et inconnu jusqu'à nos « jours; que le plan, développé par M. Cochin, « pouvait être essayé avec confiance; que l'exé- « cution seule pourrait faire connaître le régime

« le plus convenable pour l'établissement futur ;
« qu'il est nécessaire de s'assurer d'un plein
« succès avant de provoquer de l'autorité royale
« un acte de constitution définitive ; et que, par
« ces motifs, le comité désire ajourner la rédac-
« tion d'un projet d'ordonnance jusqu'au mo-
« ment où il sera permis de convertir les essais
« en fondation perpétuelle. »

On a ensuite délibéré sur la question de savoir si la maison choisie, rue de l'Oursine, pour se livrer à l'essai d'une Maison de refuge et de travail serait ou non acquise avant d'y faire des impenses.

Après une discussion approfondie sur ce point, on a décidé qu'il fallait se contenter d'entrer en possession de l'immeuble à titre de bail, avec faculté d'acquérir pendant les premières années du bail, moyennant un prix déterminé d'avance. « Cette clause, a-t-on dit
« (procès-verbal du 30 avril 1829), aura son
« effet au profit de l'établissement futur qui
« résultera probablement des travaux du Con-
« seil, mais jusqu'à la création définitive de
« cet établissement à titre d'établissement pu-
« blic, la souscription doit rester à titre pro-
« visoire sous l'administration de M. Debel-
« leyme, aucune acquisition ne pouvant être

« consentie au profit d'un établissement qui « n'existe pas encore. »

Par suite de cet avis du Conseil, M. Debelleyme est entré en négociation avec les propriétaires de l'immeuble, il a traité avec eux à titre de bail, avec faculté d'achat, non pas en qualité de Préfet de police, mais *en qualité d'administrateur des deniers de la souscription.*

Les bases de l'acte étant arrêtées, la rédaction en a été lue au Conseil, en sa séance du 21 mai 1829, les termes en ont été signés, l'acte de bail a été notarié.

Le même jour, des plans et devis de construction ont été soumis au Conseil : il en a délégué l'examen à son comité d'exécution.

Le 8 juin suivant, le comité d'exécution, délégué par le Conseil, a examiné et approuvé les programmes, plans et devis.

L'exécution des travaux exigeant l'unité de direction, et une activité de tous les momens, M. Rohault fils, architecte, a été chargé de la disposition des bâtimens, de concert avec MM. Rohault père et Huvé. Tous les travaux ont été ainsi dirigés avec l'approbation quotidienne et personnelle de M. Debelleyme, administrateur des deniers, et de M. Cochin, rapporteur du Conseil. Ces préparatifs ont été exécutés avec une telle activité, qu'en l'espace de quatre mois, il a été possible d'ouvrir aux mendians le refuge qui devait leur être préparé.

M. Debelleyme, le 29 octobre 1829, a proposé au Conseil de se réunir pour examiner tout ce qui avait été fait, c'est à cette occasion que fut rédigé le rapport qui va suivre.

Le Conseil, en approuvant toutes les dispositions prises, comme on le verra dans les procès-verbaux des 29 octobre et 9 novembre 1829 ci-après, a désiré qu'une seconde Souscription fût ouverte, et a rédigé une note pour être publiée à cet effet ; elle est imprimée page 108, ci-après.

RAPPORT

DU 29 OCTOBRE 1829.

MESSIEURS,

J'AI essayé, dans un premier rapport, d'indiquer la place que doit tenir la Maison de refuge et de travail parmi les établissemens hospitaliers d'une grande ville.

C'était avec hésitation que j'abordais la description d'une maison qui n'existait point encore, qui n'avait nulle part de modèle, et dont l'utilité seulement me paraissait démontrée; votre approbation est venue encourager mes efforts.

Le projet que nous méditions l'année dernière, va recevoir son exécution. Les mendians qui fréquentent les rues de la capitale pourront être réprimés dans le cours de l'hiver qui s'approche, et si ce nouveau régime procure d'utiles résultats dans l'intérêt de la sûreté publiques et de la bienfaisance, j'aime à penser que de nouveaux moyens viendront assurer la durée d'un établissement précaire, jusqu'à présent, dans son existence.

Le rapport, dont je vais donner lecture, à pour objet de confirmer dans vos esprits la conviction que j'essayais d'y faire naître, lorsque vous m'avez chargé d'un premier travail sur les moyens d'éteindre la mendicité.

Je le diviserai, comme le premier, en trois sections,

pour vous parler successivement de l'établissement dans son ensemble, de ses ressources, et des moyens d'exécution, qui ont préparé son organisation.

§ Ier. ÉTUDES GÉNÉRALES.

Tous les auteurs qui ont écrit sur la mendicité et sa répression depuis la promulgation du Code pénal, se sont élevés avec force contre la loi qui assimile des mendians à des malfaiteurs, et les expose à des poursuites correctionnelles, sans examen préalable des causes de leur mendicité.

Très-probablement les législateurs du Code pénal n'avaient pas l'intention de frapper d'une même rigueur le vice et l'infortune; mais, à l'époque de sa promulgation (1810), la création des dépôts de mendicité était toute récente (1808); il n'était pas possible de prévoir tous les inconvéniens qui devaient résulter du défaut de classement des individus entassés dans ces établissemens; le Gouvernement les considérait alors comme moyen suffisant d'éteindre la mendicité : on pouvait croire que l'ordre public s'y produirait sans offenser l'humanité.

L'expérience ayant fait connaître l'insuffisance des dépôts de mendicité pour le soulagement comme pour la répression des mendians, l'exécution de la loi fut abandonnée.

C'est en réfléchissant sur les moyens de revenir à l'exécution des lois, qu'il nous a paru nécessaire d'organiser trois sortes d'établissemens pour arriver à l'extinction de la mendicité : d'abord, établissement de prévention ou d'examen destiné à procurer la connaissance de la position du mendiant, et à le diriger, autant que possible, vers une existence sociale, ce sera la Maison de refuge et de travail; secondement, établissement de correction, ce sera la prison; troisièmement, établissement de séquestration, pour le mendiant endurci, dangereux, obstiné, ce sera le dépôt de mendicité.

Cette distinction suggérée par l'expérience trouvait d'ailleurs son origine dans les termes des articles 274 et 275 du Code pénal, ainsi qu'on peut s'en assurer en analysant leur texte (1).

Ces articles veulent que les mendians soient punis d'emprisonnement pour le seul fait de la mendicité.

Ils veulent que la peine soit plus forte (de 3 à 6 mois), lorsqu'il existe dans le lieu de l'arrestation *un établissement destiné à* OBVIER A LA MENDICITÉ.

Ils réduisent cette peine (de 1 à 3 mois), lorsqu'un éta-

---

(1) ART. 274. Toute personne qui aura été trouvée mendiant dans un lieu pour lequel il existera *un établissement public organisé afin* D'OBVIER A LA MENDICITÉ, sera punie de trois à six mois d'emprisonnement, et sera, *après l'expiration de sa peine, conduite au dépôt de mendicité.*

ART. 275. Dans les lieux où il n'existe point encore de tels établissemens, les mendians d'habitude seront punis d'un mois à trois mois d'emprisonnement.

S'ils ont été arrêtés hors du canton de leur résidence ils seront punis d'un emprisonnement de six mois à deux ans.

blissement préventif de la mendicité n'a pas été créé; ils augmentent la sévérité de leurs dispositions lorsque le mendiant s'écarte de sa résidence.

Enfin, *après l'expiration de la peine, ils autorisent sa réclusion au dépôt de mendicité.*

Il semble, en rapprochant ces diverses dispositions, que le législateur ait indiqué, au moins implicitement, trois natures d'établissement pour l'extinction de la mendicité, savoir : un établissement pour *obvier à la mendicité;* une prison *pour expier la mendicité;* et un dépôt de mendicité pour séquestrer le *mendiant-condamné,* lorsqu'après avoir épuisé les moyens de régénération et ceux de correction, il s'obstine à vivre errant, et à inquiéter la société par cet état persistant de mendicité et de vagabondage.

Cette interprétation des articles 274 et 275 du Code pénal satisfait à la fois la raison et la charité; elle subvient à toutes les conditions nécessaires pour maintenir l'ordre public.

Elle suppose, selon la vérité, que la mendicité n'étant pas un délit, lorsqu'elle est l'effet d'une force majeure, il faut appliquer la loi prohibitive avec ménagement, y faire des exceptions, et créer des établissemens pour *obvier à la mendicité* (article 274).

Faute de créer ces établissemens, la loi ordonne aux tribunaux de se montrer moins sévères (art. 275); elle paraît même leur interdire de punir la mendicité, lorsqu'elle se réduit à l'expression d'une pauvreté inoffensive; ses termes permettent d'adresser aux grandes villes cette leçon de sagesse et de prévoyance : « Aussi long-temps « que vous n'aurez rien fait pour obvier à la mendicité, « je vous refuserai tout moyen de la punir. »

C'est cette création nouvelle, désirée par les amis de l'humanité, conseillée par la raison, voulue par la loi que nous sommes appelés à préparer dans la capitale de la France.

La Maison de refuge et de travail, si je me fais une idée juste de son action et de ses effets, devra, par son action continuelle, tenir en activité toutes les autres parties du service des secours publics.

Différente d'un hôpital, en ce que les malades n'y seront pas reçus, elle s'assurera néanmoins que les secours de l'hôpital seront donnés à ses travailleurs, lorsqu'ils tomberont en état de maladie ;

Différente d'une prison, puisqu'on conservera la liberté d'en sortir, elle sera pour le bon ordre soumise à un état de clôture, et n'affranchira pas des peines portées par la loi, c'est-à-dire de la prison, ceux qui tomberaient en récidive ou qui se livreraient à une conduite coupable ;

Différente d'un dépôt de mendicité, elle ne sera ni un lieu de punition ni un lieu de confusion; chacun y vivra en éprouvant l'heureuse influence du travail et de l'épargne, avec l'espérance de pouvoir rentrer libre et laborieux dans le sein de la société; mais aussi avec la perspective du dépôt de mendicité, quand la conduite du réfugié-travailleur ne répondra point aux soins dont elle aura été l'objet ;

Différente à la fois de l'hospice et du secours à domicile, son assistance temporaire ne sera point aussi fugitivement passagère que celle des maisons de secours qui dépendent de nos bureaux de charité; elle n'aura pas non plus la durée viagère d'une admission à l'hospice; elle sera le refuge du malheureux pendant l'accès le plus cruel de sa misère; dès que les forces lui seront rendues par la consolation et le travail, il sera lui-même restitué, avec les ressources d'un nouveau courage et d'une nouvelle industrie, à la société, et il doit y rapporter un nouveau courage.

École de travail et de prévoyance, l'homme frappé des derniers traits de l'infortune, doit venir y apprendre à se passer du secours de la charité.

Sans arracher le pauvre à son domicile, sans rompre ses affections, sans se charger indéfiniment de son sort, sans le priver de sa liberté, la Maison de refuge doit agir comme la Providence par des secours inattendus, temporaires, qui remontent l'énergie, et qui ne permettent point d'abdiquer la dignité que tout homme doit conserver, lorsqu'il veut se conduire de manière à pouvoir rester responsable de ses actions envers la société.

Le malheureux descendu sur la voie publique, en proie aux horreurs de la faim, désespéré par un délaissement universel, se trouvera soudainement transporté dans un lieu habité par la bienveillance, le travail et la vertu.

Telle est votre intention, Messieurs; vous ne voulez pas que le pauvre menacé par nos lois pénales, ordinairement privé de tout moyen de lecture, puisse tomber d'un seul trait sous les coups d'une loi que peut-être il ignore; invité par la paresse ou l'exemple, il s'est laissé séduire au point d'abandonner le soin de sa propre conservation, il s'est livré au public dans l'espérance d'être nourri par une compassion irréfléchie; c'est là une erreur qu'il faut dissiper, ou un malheur qu'il faut consoler : la Maison de refuge doit lui être ouverte : dès qu'il sera rangé parmi les habitans de cette retraite, on lui donnera connaissance de la loi qui oblige tout homme à soutenir son existence par le travail, et à se garantir par la prévoyance et l'épargne des chances de l'avenir. On devra lui dire que s'il se perpétue en état de mendicité, le châtiment correctionnel ne peut manquer de l'atteindre, et qu'il serait d'autant plus coupable de retomber dans ce désordre, qu'on va l'entourer des moyens d'apprendre à soutenir son existence par une active industrie.

Il faut que cette maison soit un lieu *de grâce et d'exception*, dans lequel le mendiant saura qu'il avait encouru la condamnation judiciaire à l'emprisonnement (art. 275, Code pénal) ; mais qu'il a été admis à se relever de l'application de cette peine, sous la condition du changement de ses habitudes et de l'assiduité au travail. En effet, bien que la mendicité ne soit pas toujours un délit très-coupable, elle annonce ordinairement une absence de dignité personnelle; chacun de nous a pu connaître des hommes en proie à tous les besoins, qui savaient souffrir et se procurer d'imparfaits moyens de soulagement, sans s'abaisser jusqu'à l'habitude de mendier publiquement; aussitôt que cette espèce de dégradation s'est opérée, il faut que le mendiant sache qu'il est frappé du blâme de la loi, et admis par bienveillance à purger cet état de réprobation. Dès qu'il sera persuadé de la faveur qu'on lui fait, on lui indiquera la route du travail sur laquelle il s'était égaré, ou qu'il avait perdu de vue; et, après lui avoir appris à réserver avec économie une portion des fruits de son labeur, il pourra retourner à l'existence ordinaire des classes ouvrières, et faire servir son activité à l'intérêt de sa personne et de sa patrie, sous peine de rechute plus douloureuse.

Ainsi conçue, la Maison de refuge échappe à tous les reproches, et concourt à la régulière administration de tous les secours publics.

Auxiliaire puissante des maisons de secours établies par les bureaux de charité, on y reçoit, comme dans ces maisons, la confidence du malheur avec l'intention de le soulager et d'en détruire les causes; mais, à la différence de ces pieuses maisons, on y recueille la déclaration des circonstances qui entourent la mendicité, et de cette déclaration suivie d'un examen attentif doit résulter des aveux qui devront établir ou faire disparaître la culpabilité, en sorte que le coupable seul sera puni par les tribunaux, tandis que le mendiant non coupable sera traité avec bienveillance.

Cette perpétuelle information des causes qui font tomber ou retiennent dans l'indigence une portion nombreuse de la population ne peut manquer de jeter par la suite un grand jour sur la conduite des individus qui composent une classe inquiétante pour la société, et ces renseignemens seront également utiles à l'autorité qui surveille les mendians, aux personnes charitables qui les assistent et aux législateurs qui arriveront plus promptement à faire les calculs nécessaires pour déterminer les devoirs du gouvernement et des citoyens envers les classes indigentes et malheureuses.

Dès à présent, les informations relatives au pauvre pourront ne plus se faire dans les prisons avec l'appareil de l'instruction criminelle.

Dès à présent, la position des personnes qui se présentent pour être admises dans les hospices pourra être éclairée par une nouvelle source de renseignemens qu'on n'aurait point été chercher dans les greffes de la police, et ces renseignemens auront été recueillis par des personnes plus accoutumées à soulager les pauvres qu'à rechercher les coupables.

Sans doute les informations de la Maison de refuge n'auront point dans le commencement toute la certitude qu'elles acquerront par la suite, mais cependant on y obtiendra prochainement plus de précision que n'en peuvent procurer les enquêtes particulières faites isolément, et plus de détails et d'observations que n'en pourrait fournir un bureau ordinaire de police judiciaire ou administrative, et on arrivera plus tard à connaître si parfaitement la cohorte des mendians de profession, qu'il suffira de prononcer le nom de l'un deux pour qu'il soit possible de rassembler rapidement tout ce qui pourra lui mériter l'application des moyens de consolation ou de repression.

Ce système d'investigation et de classement, Messieurs,

est le plus sûr moyen de nous garantir de la taxe des pauvres et de l'affluence des parasites. Jamais la population ne s'accumulera dans une maison qui expulse ses habitans aussitôt qu'ils ont acquis un pécule suffisant pour les aider à subsister par le travail; jamais vous ne verrez de mendians s'inscrire pour être surveillés et soumis au travail, comme on les voit s'inscrire pour être nourris et vêtus : l'aumône aveugle peut seule créer ces espèces d'abus, la bienveillance éclairée les guérit, les dissipe, et procure l'exécution des lois par sa seule présence.

Tels sont, Messieurs, les caractères de l'établissement qui va se fonder par la souscription volontaire et avec l'assentiment des habitans de la capitale. Tous les efforts doivent se réunir pour que les mendians n'y soient pas entretenus dans l'indolence comme ils le seraient dans un hospice gratuit et viager, ou énervés par l'oisiveté, et anéantis par le désespoir, comme ils l'étaient dans les dépôts de mendicité; les ressorts sociaux devront se retremper dans cet asile, tandis qu'ils venaient se relâcher ou se rompre dans les prisons ou les dépôts de mendicité qui ont existé depuis vingt ans !

C'est par l'accomplissement de ces diverses conditions que cette maison méritera le titre de *Maison de refuge.*

Examinons aussi ce qui doit lui obtenir le nom de *Maison de travail.*

J'ai indiqué sommairement dans mon premier rapport (page 47 en note) que les ateliers de la maison de travail devaient être des ateliers libres; je vais dire plus explicitement ce que, dans ma pensée, signifie cette expression.

Les ateliers de charité n'ont été jusqu'à présent pratiqués avec succès que dans l'intérieur des prisons. Les maisons de travail établies en Angleterre (au moins celles que j'ai étudiées) sont également soumises au régime de prison; c'est même sous cette condition *du défaut de liberté* que le succès paraît avoir été obtenu. Les comptes rendus chaque année au conseil général des prisons en France, nous apprennent sur ce point que les ateliers des condamnés aux réclusions les plus prolongées sont ceux dans lesquels les ateliers acquièrent une plus grande prospérité.

Ces ateliers clôturés sont d'une utilité incontestable aux prisonniers; mais ce n'est point pour des prisonniers que se prépare la Maison de refuge, c'est au contraire pour des mendians-travailleurs auxquels on veut éviter les douleurs et les inconvéniens de la captivité.

L'entreprise des ateliers de prison est adjugée, à titre de louage, à un entrepreneur qui fait de ce contrat une spéculation; il s'oblige à occuper les mendians et à payer une journée de travail au directeur de la prison, qui fait ensuite application de cette recette à l'utilité du prisonnier, en se conformant aux réglemens de la maison dont il est le chef.

Le prix de journée payé par l'entrepreneur n'est pas convenu avec les ouvriers, car ils ne se rencontrent nulle part pour discuter leurs intérêts réciproques : c'est donc un prix commun stipulé au taux le plus favorable à l'entrepreneur; et quand on donnerait au directeur de la prison le droit de fixer des prix différens, selon les forces des ouvriers, ces derniers, toujours placés entre la nécessité d'accepter un vil prix de leurs travaux, ou de voir augmenter les douleurs de leur captivité par celle de l'oisiveté et de l'indigence, ne s'en trouveraient pas moins à la discrétion des traitans qui voudraient abuser de leur position.

Il me semble qu'un sort plus doux doit être préparé à la mendicité inoffensive, au mendiant valide, mais malheureux; et c'est pour cela que j'appelle de tous mes vœux des ateliers où les intérêts réciproques du commerçant et de l'ouvrier pourront être conciliés sans que l'un des deux soit livré à la cupidité de l'autre.

Pour arriver à ce droit résultat, je pense qu'il faut traiter avec les chefs d'ateliers de la Maison de travail; fixer un minimum de journée dans chaque profession, et laisser l'ouvrier et son maître discuter le prix de journée au-dessus de ce minimum, les droits de chacun étant toujours garantis, savoir, de la part du chef, par la connaissance qu'il a du talent de l'ouvrier, et de la part de celui-ci, par la faculté qu'il conserve de changer d'atelier, et de sortir même de la maison lorsqu'il ne trouve pas suffisant le prix accordé à son savoir-faire.

C'est là une expérience sur laquelle je n'avais d'autre garantie que celle de mes intentions, et sur laquelle je craignais d'échouer lorsque je vous la proposais (pag. 47 de mon premier rapport); mais je dois vous dire que ma confiance s'est beaucoup augmentée depuis que mes propositions ont été non-seulement agréées, mais sollicitées par un grand nombre de négocians. Un marché a été ainsi conclu avec un relieur de livres; des négociations ont été commencées avec des fabricans de tapis, des peigneurs de laine, des tisserands, des cordonniers, des fabricans de ciment à bâtir. On n'a retardé la conclusion de ces marchés que pour choisir entre eux ceux qui doivent être les plus avantageux aux travailleurs de la maison.

Si l'expérience vient confirmer ces favorables apparences, il me semble qu'un service immense aura été rendu à la population mendiante de la ville de Paris, et par suite à la société entière; car vous aurez préparé un lieu où la qualité de mendiant deviendra une recommandation pour obtenir asile et travail : cet asile serait sain, ce travail serait payé à prix défendu; en sorte que le dénuement absolu trouverait un refuge toujours ouvert, sous la seule condition de se dévouer au travail, c'est-à-dire au genre de secours le plus honorable et le plus assuré.

C'est ici le lieu de répondre à quelques objections qui m'ont été faites :

S'il ne s'agit que de se faire mendiant pour être assisté, m'a-t-on dit quelquefois, vous aurez bientôt affaire à une grande fraction de la classe ouvrière.

Cette objection serait fondée si, d'une part, la maison était obligée de recevoir tous ceux qui se présentent; si, d'autre, elle ne prenait aucune information sur la position des admis; si, enfin, elle n'était pas libre de congédier des êtres moins malheureux pour faire place à des détresses plus profondes; mais il ne peut en être ainsi.

Toute personne ayant un gîte et une famille n'ira pas quitter ce domicile et rompre ses affections pour venir demeurer au refuge; habitant de la ville de Paris, il y sera secouru par le bureau de charité, ne descendra pas à la condition du mendiant, et viendra tout au plus dans un moment de gêne demander à être employé comme externe dans les ateliers de la maison. C'est donc au mendiant d'habitude, à l'être dépourvu de toute ressource et pressé par le danger d'être incessamment cité en justice pour délit de mendicité que s'appliquera le bienfait de la maison de refuge; ce n'est point une maison ouverte à tous ceux qui portent l'apparence de la misère, c'est un abri contre le dernier désespoir, un refuge pour ceux qui seraient exposés à coucher dans la rue, faute de ressources, et qui ne méritent pas, par leur conduite, d'être immédiatement livrés aux tribunaux : une dernière protection leur est offerte; s'ils y correspondent, il peuvent se relever; s'ils s'en rendent indignes, au lieu de retourner à leurs désordres, ils iront en rendre compte à l'autorité judiciaire.

C'est une maison à la fois sévère dans la forme et bienveillante dans les effets, il faudra se trouver réduit à la condition du mendiant pour en voir ouvrir les portes; c'est pour échapper à la prison et à un procès correctionnel qu'on y entrera, c'est une maison de prévention du délit de mendicité dans laquelle cette prévention pourra s'effacer par le changement des habitudes; ce ne sera point, comme je l'ai dit dans mon premier rapport (pag. 26, 27, 29), une hôtellerie générale de toutes les misères, ce sera le refuge spécial du mendiant poursuivi par la justice ou exposé immédiatement à des poursuites, et dès lors le nombre ne peut être indéfini, et tendra continuellement à diminuer.

Mais, nous dit-on encore, comment ferez-vous arriver les mendians dans une maison de travail, lorsqu'ils ne seront forcés ni d'y venir, ni d'y rester.

J'avoue que si les dépositaires de l'autorité publique se laissaient aveugler au point de ne plus prohiber la mendicité, de la laisser libre et encouragée, les mendians n'auraient plus besoin de se refugier, puisqu'ils ne seraient plus poursuivis, mais encore dans cette hypothèse improbable, je soutiens que l'établissement, devenu inutile comme maison de refuge, devrait continuer de subsister comme maison de travail, et j'ajoute que, comme maison de travail exclusivement, et sans refuge, il serait encore l'un des plus sûrs moyens *d'obvier à la mendicité.*

D'abord je repousse la supposition du défaut de prohibition de la mendicité de la part de l'autorité administrative et judiciaire. Vous n'avez pas oublié, Messieurs, que c'est la population entière de Paris qui a souscrit pour être délivrée des mendians; vous n'avez pas oublié que ce sont les corps judiciaires et les hauts fonctionnaires qui ont donné le premier exemple d'une souscription générale et d'une éclatante approbation à cette mesure, tenons donc pour certain que les lois seront exécutées; que les mendians seront poursuivis par la crainte du châtiment, par les recherches de l'autorité municipale, et préparons un asile pour leur éviter la rigueur de ces poursuites.

Mais enfin, je veux bien consentir pour un moment à supposer que la mendicité ne serait plus inquiétée; on peut assurer du moins qu'elle ne sera jamais autorisée au point de faire devenir mendiante toute la classe indigente et malaisée, et, dans ce cas, la maison de travail serait encore une création digne de toute votre attention.

L'ouverture d'ateliers de travail est ordonnée, depuis quarante ans bientôt, par la loi du 24 vendémiaire an 2 (15 octobre 1793); rien de satisfaisant n'a été fait pour l'exécution de ce principe; mais il serait temps de cultiver le germe négligé de ce genre d'institution charitable.

J'ai dit plus haut comment les commerçans peuvent être appelés dans les ateliers de la maison de travail, et y être mis en possession de localités convenables à leur industrie, avec permission d'y amener des ouvriers de leur choix, pourvu qu'au nombre de ces ouvriers ils soient obligés d'admettre un certain nombre de travailleurs de la Maison de refuge.

En supposant que de défaut le poursuite des mendians fasse disparaître pour eux la nécessité de venir résider au refuge, toujours serait-il possible de convertir toutes les parties de la maison en ateliers, d'y introduire des entrepreneurs, et d'imposer à ceux-ci l'obligation d'employer, à des prix fixés, les ouvriers qui leur seraient présentés par l'administration de la maison de travail.

Je répète que ces ouvriers présentés par la maison seraient employés, selon leur capacité, à des prix différens, et qu'en outre l'entrepreneur aurait des ouvriers à lui, en nombre suffisant pour assurer l'exécution de ses travaux en concours avec les travailleurs qui lui seraient présentés.

Si le double intérêt d'obtenir, sans loyer, des localités considérables, et de trouver des ouvriers à des prix modérés, pouvait appeler dans la maison de travail un grand nombre d'entreprises sous la condition de mêler les mendians-travailleurs aux autres ouvriers, d'user de leur industrie, lorsqu'elle est acquise, ou de perfectionner leurs moyens de travail, lorsqu'ils ont besoin de l'être, cette maison deviendrait un moyen de placement privilégié au profit des hommes les plus malheureux; privilége au profit du malheur, car le travailleur admis par l'administration de la maison se trouverait placé avec une sorte de préférence dans l'atelier où il aurait été dédaigné, où même vers lequel il n'aurait osé se présenter, découragé qu'il était par le dénûment dans lequel il se trouvait plongé.

Et d'autre part cependant, l'administration de la maison lui procurerait ce genre de protection et de secours, sans prendre sur elle-même aucune des chances de l'industrie et sans s'exposer à aucun des reproches que doivent encourir les administrations publiques lorsqu'elles entrent en concurrence avec les industries particulières.

Voilà, Messieurs, quelques idées nouvelles sur la nature de la Maison de refuge, et sur celle de la maison de travail : les deux maisons peuvent n'en faire qu'une; elles se prêtent une heureuse assistance; elles peuvent être soumises à un régime commun, ou à un régime distinct; elles peuvent se réunir ou se séparer sous une même administration, ou sous des administrations différentes; elles doivent, réunies ou détachées, concourir sans cesse à procurer un même résultat.

Reste à examiner sous quelle administration devra être définitivement placé le nouvel établissement dont nous préparons l'existence.

Nous avons dit (premier rapport, pages 28 à 35), que la Maison de refuge appartient à l'action de la justice et de la police, et nous maintenons que l'interrogation et le mouvement réciproque des mendians venant de la voie publique et retournant à une destination quelconque doit être fait sous l'inspection de ces autorités; c'est par ce motif qu'on avait proposé (page 57 du rapport) de demander que le directeur de la maison fut nommé commissaire de police à l'intérieur de l'établissement après un temps d'essai, et que jusqu'à cette époque, il fût assisté d'un commissaire de police qui lui serait adjoint *ad hoc* par la préfecture.

Nous pensons toujours qu'un commissaire de police doit être admis à inspecter chaque jour les salles de dépôt et le mouvement d'entrée et de sortie de la maison.

Indépendamment de ce service de sûreté publique qui doit accompagner la Maison de refuge, mais qui n'entre pas dans les devoirs de son régime intérieur, viennent se placer d'autres obligations qui appartiennent à la charité et à l'assistance; ce sont plus spécialement ces sentimens généreux qui ont motivé la souscription volontaire, sur les fonds de laquelle s'élève la nouvelle fondation.

Parcourons et énumérons les diverses attributions de l'administration intérieure du refuge.

La direction de cet asile devra pourvoir à tout ce qui peut assurer l'existence, la perpétuité, le bon ordre, et l'ensemble du service de la fondation dont nous nous occupons.

Jusqu'à ce que l'établissement soit définitivement constitué, elle devra recueillir les souscriptions et surveiller leur application selon la destination donnée par les souscripteurs.

Elle devra correspondre avec les souscripteurs et avec toutes les administrations dont la protection peut être utile à la fondation naissante.

Elle devra, Messieurs, vous proposer ses réglemens à votre adoption, vous soumettre sa comptabilité et ses moyens d'exécution.

Dès à présent, elle devra pourvoir à tous les services économiques de nourriture, chauffage, éclairage des travailleurs.

Elle devra souscrire des conventions avec les entrepreneurs et chefs d'ateliers, et vous rendre compte des services rendus par les divers travaux exécutés par les habitans de la maison.

Ce sont ces diverses obligations qui ont été jusqu'à ce jour remplies par le dépositaire et administrateur de la souscription, à l'effet d'arriver le plus promptement possible à la réalisation du vœu des souscripteurs et faire jouir les habitans de Paris du bienfait espéré par suite de leur souscription.

Mais ce pouvoir provisoire du mandataire de la souscription devra recevoir des modifications lorsqu'il sera question de constituer l'établissement d'une manière définitive: et, bien que l'époque de cette organisation ne soit pas encore arrivée, puisque la souscription, dans sa quotité actuelle, ne peut donner qu'une existence précaire à la Maison de refuge, il n'est pas inutile, surtout pour votre comité d'études générales, d'examiner par avance quelques idées sur la future organisation de l'établissement considéré comme perpétuel.

Mon opinion personnelle, jusqu'à discussion ultérieure, serait de donner à l'administration du refuge l'existence individuelle d'un établissement public, et j'appuie cette opinion sur la nécessité où se trouvera cette maison de correspondre avec presque toutes les branches de l'administration municipale de Paris, et probablement du département de la Seine, sans dépendre exclusivement d'aucune de ces branches.

Elle devra correspondre :

Avec la police administrative pour l'examen des mendians, et le souvenir à garder des circonstances qui accompagnent le fait de mendicité ;

Avec la police judiciaire, pour la remise et la surveillance des condamnés qui seraient repris sous l'habit de mendians ;

Avec l'administration des prisons, pour l'inspection des salles de dépôt ;

Avec l'administration des hospices, pour lui indiquer des admissions urgentes de mendians âgés et infirmes et sans ressources ;

Avec les bureaux de charité, pour les éclairer sur la

position des pauvres qui réclameraient mal à propos le secours accordé à la mendicité;

Enfin, avec les particuliers, et surtout avec les souscripteurs, qui recommanderont un mendiant à son examen ou à la bienveillance de ses administrateurs.

Or, si, comme vous le voyez, cette maison doit être le lieu de toutes les administrations de secours publics, elle ne doit dépendre d'aucunes d'elles en particulier; mais elle doit fonctionner individuellement, selon la loi d'un réglement émané de l'autorité royale, réglement contenu dans une ordonnance de Sa Majesté, qui erigerait le refuge en établissement public, déterminerait les attributions du conseil d'administration, celles du directeur, et fixerait le mode de relation de cet établissement, à l'égard de tous les rouages de l'administration publique, ainsi que de la population parisienne, fondatrice et intéressée à maintenir la suppression de la mendicité obtenue par ses secours et son assistance (1). C'est princi-

---

(1) L'auberge des pauvres, à Gênes, fondée par Brignoletti, avec l'assistance des habitans de la ville, porte l'inscription suivante :

Neque dicas, non est providentia.
Auspice DEO
Civium providentiâ ac liberalitate
Egenis
Cogendis alendis
Officio pietate instituendis
Ædes extructa
Anno salutis

palement sous ce dernier rapport que le réglement futur méritera toute votre attention.

En l'état actuel, cette maison est la propriété des souscripteurs; ils ont mis en commun une ressource à l'effet de se garantir des désordres de la mendicité. L'administrateur des deniers de cette souscription en a fait l'emploi considéré par vous comme le plus convenable, mais il est nécessaire d'achever ce qui est commencé, et de justifier la confiance des souscripteurs par des résultats dignes de leurs efforts.

C'est là, Messieurs, un grave sujet de méditations dont la discussion excède les bornes d'un rapport destiné seulement à vous rappeler les caractères principaux de la Maison de refuge et de travail. Si, comme nous l'espérons, la souscription peut s'élever en 1830 à un taux suffisant pour qu'il devienne nécessaire de s'occuper d'une organisation définitive, nous aurons naturellement l'occasion de reprendre cette discussion. Je vais donc quitter les études générales pour vous parler de notre situation sous le rapport des ressources pécuniaires.

---

§ II. — COMPTABILITÉ.

Je vous ai dit, dans mon premier rapport, Messieurs, que la souscription volontaire recueillie et déposée pendant l'hiver 1828 — 1829 s'était élevée à sept cent mille francs environ, savoir, quatre cent trente-deux mille francs encaissés de suite et deux cent soixante huit mille francs promis pour les années suivantes.

Il était impossible de fonder un hospice de trois cents lits avec une somme de quatre cent trente-deux mille francs, et encore moins de doter cet hospice d'une rente suffisante pour assurer son existence.

Une note insérée au *Moniteur*, en 1828, par M. Debelleyme, estimait à quatorze cent mille francs environ la somme nécessaire pour atteindre ce double but.

J'ai l'honneur de parler ici à plusieurs membres du conseil général des hospices, et d'être associé moi-même à leurs travaux; ils savent s'ils voudraient prendre l'engagement de construire et de doter un hospice de trois cents lits pour une somme de quatorze cent mille francs, surtout lorsque cet hospice devrait être entouré de vastes localités pour y pratiquer des ateliers.

Cependant ce qui était annoncé l'an dernier au public peut lui être répété cette année. Probablement si la souscription de l'année dernière était doublée, la capitale posséderait le moyen *perpétuel* de se garantir des désordres de la mendicité; les moyens d'assurer une répression désirée depuis plusieurs siècles par tous les publicistes et les administrateurs éclairés se trouveraiens constitués.

Tout au contraire, si une somme de quatre cent mille francs au moins n'était point recueillie cette année, par l'effet d'une seconde souscription, les effets de la première n'auraient abouti qu'à une expérience passagère et imparfaite.

Veuillez vous reporter, pendant quelques instans, sur

ce qui a dû être fait avec les ressources recueillies l'année dernière : quatre cent trente - deux mille francs étaient encaissés. Trois cent mille francs étaient promis ; et sans doute on peut compter sur cette ressource; mais enfin c'était seulement sur la valeur en caisse qu'on pouvait asseoir des calculs.

Ils avaient été déposés sans autre condition que celle de les faire servir à l'extinction de la mendicité.

Aucun souscripteur n'indiquait, d'une manière positive, les moyens d'arriver à ce but ; quelques-uns exprimaient leurs opinions personnelles, tous s'en rapportaient au discernement et à la décision de l'administrateur qu'ils choisissaient pour arbitre de la souscription.

Que faire de quatre cent trente-deux mille francs ? Les employer à nourrir les mendians pendant un hiver ! Ceux-ci auraient alors tellement augmenté de nombre, qu'il eût été facile de dissiper la somme en peu de temps ; mais c'eût été agir en contravention à tous les principes d'une saine administration.

Que fallait-il donc faire, essayer de fonder une institution nouvelle, assez répressive envers l'inconduite et la paresse pour faire fuir les parasites, assez bienveillante et hospitalière pour accueillir le malheur.

Mais comment se livrer à des fondations d'établissement pour tous les mendians d'une capitale, avec une somme si disproportionnée, aux charges à supporter ? c'est de millions seulement qu'il peut être question pour de telles circonstances !

N'ayant pas les ressources nécessaires pour acheter un

vaste local, pour l'approprier à sa destination, et pour y mettre en mouvement toute une administration, et voulant cependant essayer, sous le plus bref délai possible, de nouveaux moyens d'éteindre la mendicité, l'administrateur des deniers de la souscription, soutenu par les opinions que vous avez exprimées dans vos séances des 30 avril et 21 mai derniers, s'est déterminé à se mettre en possession, à titre de bail, d'un immeuble assez vaste, pour devenir un jour le siége perpétuel de l'établissement. Avant d'y faire des dépenses, il s'est réservé la faculté de l'acquérir à un prix déterminé par avance sur des expertises contrôlées par des architectes que vous avez désignés vous-mêmes. Maître de cet immeuble pour quelques années, il l'a fait disposer de manière à pouvoir faire disparaître dès la fin de 1829 la totalité des mendians de Paris; ne doutant pas de se trouver soutenu par toutes les fortunes, dès qu'il aurait servi tous les intérêts, en débarrassant les commerçans de l'importunité des mendians; les administrateurs de leur surveillance; tous les citoyens de leur poursuite et du spectacle de leur hideuse rencontre.

Voilà, Messieurs, ce qui a été fait : une maison est préparée pour recevoir, loger, vêtir et nourrir trois cents personnes. Ces personnes seront en outre admises dans des ateliers; ces ateliers sont assez vastes non-seulement pour recevoir les habitans de la maison, mais encore des mendians qui pourraient être logés en dehors de l'établissement. Le bureau d'information et d'admission est organisé; la Maison de refuge et de travail, telle que je vous l'ai dépeinte existe : nous délibérons en ce moment dans la salle du futur conseil d'administration ; enfin, cet établissement nouveau qui ne résidait, il y a six mois, que dans notre pensée, peut être désormais visité par tous ceux qui ont désiré son existence et contribué à sa fondation.

Mais les quatre cent mille francs sont-ils dépensés ? Non, Messieurs, il nous reste une somme suffisante pour commencer à faire subsister l'établissement pendant quelquelques mois ; mais il est facile d'apercevoir qu'une durée de quelques mois ne peut suffire, à juger les services que peut rendre l'établissement, encore moins à constituer cet établissement d'une manière définitive ; il faudra donc recueillir une seconde souscription, ou voir s'évanouir l'utilité de la première.

Si, au contraire, une somme de quatre à cinq cent mille francs nous est envoyée cette année encore par les habitans de Paris, l'immeuble pourra être acheté, la dotation de l'établissement commencée, l'ordonnance royale d'autorisation sollicitée ; et dès que le refuge sera l'établissement public reconnu par S. M. ; dès qu'en outre ses effets auront proclamé son utilité, les fonds et les ressources ne pourront plus lui manquer.

Ce caractère d'établissement public ne lui appartient pas encore, c'est une maison de particulier, libre dans son action comme le serait tout citoyen riche et bienfaisant, qui voudrait réunir, à ses frais, dans les dépendances de son habitation, un grand nombre de mendians pour les retirer de la voie publique ; c'est là l'effet naturel de la souscription. Tant qu'elle est insuffisante pour subvenir aux dépenses d'un établissement perpétuel, l'administrateur des deniers ne peut mieux faire que d'approcher le plus possible du but qui lui a été indiqué ou qu'il s'est proposé pour accomplir le mandat qu'il a reçu. Dès que l'immeuble pourra être acquis, il se trouvera meublé d'avance de toute l'organisation du refuge et de ses ateliers, alors seulement une ordonnance d'institution pourra être réclamée.

Telle est, Messieurs, la situation financière de cette fondation.

Les dépenses qui ont été faites ont eu pour but de hâter le moment où les habitans de Paris seront mis en possession du refuge dont ils ont désiré la création.

Dès à présent nous voilà certains de pouvoir leur procurer le bienfait qu'ils réclamaient l'an dernier. Si l'établissement que nous avons proposé ne devient pas perpétuel, c'est qu'une somme de 432,000 francs actuels, et de 268,000 francs éventuels ne pouvait suffire pour procurer cette création d'une manière définitive. Qu'une somme de quatre à cinq cent mille francs y soit ajoutée, et la mendicité aura disparu de la capitale.

Nous ne pouvons croire que ce second sacrifice soit plus difficile que le premier.

Comme je l'ai dit dans le rapport du 27 mars dernier, si chacun ne voyant plus de pauvres dans les rues, envoyait à la caisse du refuge les sommes qu'il répandait antérieurement, sans réflexion, et par négligence, sur la voie publique, notre dotation serait assurée.

Permettez-moi, Messieurs, de ne point douter du succès ! Je ne vous répéterai point ce que j'ai déjà dit dans le premier rapport sur le mode de conservation des deniers de la souscription; je rappellerai seulement qu'ils sont versés au fur et à mesure des encaissemens, à la caisse des consignations, placée, comme vous le savez, sous la surveillance et la garantie de l'autorité législative; ils ne sortent de ce lieu de dépôt que sur la signature de M. Debelleyme, qui les y a déposés, en qualité d'administrateur des deniers de la souscription volontaire des habitans de Paris. Jamais aucuns fonds ne séjournent dans la maison; des mandats successifs sur la caisse publique assurent ce service en dehors de la participation d'aucun comptable particulier, en sorte que la souscription entière recevra sa destination selon l'intention des fondateurs, sans que vous ayez à examiner les détails journaliers d'une comptabilité en deniers.

J'arrive aux moyens employés pour organiser la maison, qui va s'ouvrir sous peu de jours.

§ III. — EXÉCUTION.

Lorsqu'il faut construire un bâtiment, organiser le mobilier et les services d'un grand établissement, il est difficile de concilier la rapidité et la solidité d'exécution avec l'économie sur les dépenses; c'est cependant le double but auquel nous croyons être arrivés.

Ce succès n'a pu être obtenu par l'administrateur des deniers de la souscription qu'en prenant sur lui la responsabilité de tout ce qui a été ordonné et fait depuis sept mois dans l'établissement.

Il a d'abord dispensé l'architecte de la rédaction d'un devis détaillé des travaux à faire; la rédaction de ce devis aurait duré plusieurs mois, et n'aurait pas évité les changemens que l'exécution apporte toujours aux prévisions; il s'est contenté d'un simple aperçu de dépenses dressé après plusieurs jours de travail et de réflexion, cet aperçu vous a été soumis.

Il a cru également devoir se dispenser de recourir aux adjudications de travaux à l'entreprise. D'anciens bâtimens se trouvaient à démolir, de nouveaux bâtimens à faire, les matériaux des anciens bâtimens devaient servir à reconstruire en partie les nouveaux; une entreprise aussi compliquée n'aurait pu faire l'objet d'une adjudication. En suivant les formes ordinaires on aurait été obligé d'abord d'adjuger les vieux matériaux à charge de les enlever, ensuite d'adjuger les nouvelles constructions sans le secours des anciennes démolitions; plus d'une année aurait été nécessaire pour ces deux adjudications et pour les constructions, et toute considération devait céder devant l'inconvénient de ce retard, parce qu'il n'était pas possible de suspendre, pendant près de deux ans, l'attention des souscripteurs, et de leur faire attendre aussi long-temps les effets d'une souscription qui avait été si promptement et si généreusement remplie.

Pour éviter cet inconvénient, on s'est borné à faire appeler devant l'architecte choisi par le conseil plusieurs entrepreneurs désignés par cet architecte comme réunissant toutes les conditions qui assurent la bonne exécution des travaux, et isolément on a demandé à chacun de souscrire un rabais sur le prix, que la direction des travaux publics de Paris est dans l'usage d'allouer aux entrepreneurs qui travaillent sous ses ordres.

Les prix de la direction des travaux publics sont basés sur les déboursés de chaque entreprise, déboursés en sus desquels la direction accorde un bénéfice de 10 pour 100 pour salaire; or, on a obtenu pour le refuge des rabais de 8, 10 et jusqu'à 20 pour 100, au-dessous des prix alloués par la direction générale, il est donc vrai de dire que les prix de travaux sont inférieurs à ceux de toutes les autres entreprises de Paris; l'architecte affirme qu'il n'aurait pu les obtenir pour des entreprises à son compte particulier, il motive sur l'importance des travaux et sur le paiement au comptant, l'obtention de rabais aussi considérables.

L'architecte fait observer également qu'il aurait été impossible d'obliger un adjudicataire à employer des débris de démolitions, tandis qu'avec un entrepreneur choisi, mais avec lequel on ne se trouvait lié en aucune manière pour continuer ou ne pas continuer l'entreprise, on a pu mettre en œuvre toutes les ressources, employer d'énormes tas de moëllons et d'éclats de pierre qui auraient été vendus à vil prix, comme inutiles, ou employés en remblais, comme gravois, si l'entrepreneur n'avait été astreint qu'à l'exécution d'une adjudication dans laquelle l'emploi de ces surplus de matériaux n'aurait pu être prvéus. Je crois devoir ajouter, en outre, que ces constructions ont été, de la part de M. l'administrateur de la souscription, l'objet d'une surveillance journalière dans laquelle j'ai souvent essayé de le seconder.

Quant aux achats de mobilier, ils ont été également faits sans adjudication, mais après renseignemens pris sur toutes les fournitures par enchères faites pour le compte des hospices : tous les noms des fournisseurs et tous les prix d'achats ont été indiqués par cette administration, et les acquisitions ont été faites à des prix égaux ou inférieurs à ceux payés par les hospices, pouvant concilier sur ce chapitre, comme sur le précédent, l'économie avec la rapidité des fournitures.

Cette manière simple de procéder comme un père de famille attentif à ses intérêts, qui agirait pour lui-même, a permis de donner aux travaux une perfection et une célérité qu'il eût été difficile d'atteindre par d'autres moyens. Il eût été impraticable, Messieurs, de vous réunir pour tous les détails que chaque jour l'exécution ferait naître sous les pas du fondateur; vous aviez d'ailleurs décidé, dans une de vos précédentes délibérations, que M. Debelleyme devait stipuler seul, en qualité d'administrateur des deniers de la souscription, au contrat qui nous a mis en possession, à titre de bail, de l'immeuble sur lequel va s'ouvrir la Maison de refuge. Vous avez voulu vous considérer comme un Conseil placé près de cette administration pour lui faire entendre de plus près la voix des souscripteurs; souscripteurs vous-mêmes, vous avez consentis à vous rendre chaque jour les organes des autres souscripteurs, à recueillir les observations, qui pourront être produites de toutes parts, et à préparer, par le puissant concours de vos délibérations, les déterminations ultérieures qui décideront du sort de le Maison de refuge. Cette position ayant ainsi été fixée par vos délibérations des 30 avril et 21 mai derniers, l'administrateur de deniers de la souscription, a dû comprendre que seul il était responsable du succès, et il a pris sous sa responsabilité toute cette exécution, par les voies que je viens d'indiquer.

J'aurai l'honneur de mettre sous vos yeux, dans la prochaine séance, toutes les décisions prises, depuis six mois, par M. l'Administrateur; elles ont toutes été prises provisoirement, et sous réserve de votre approbation ultérieure, parce qu'il vous appartient de discuter tout ce qui a été fait sans votre assentiment préalable. Je crois inutile de vous dire par avance que des délibérations très-importantes vous seront soumises; tout est grave dans l'intéressant sujet qui nous occupe. Je ne veux point fatiguer plus long-temps votre attention, et, pour la soutenir, je vais terminer par une sorte de résumé rapide sur l'ensemble de notre position.

RÉSUMÉ.

De nombreux souscripteurs, consultés sur les moyens les plus efficaces pour procurer l'extinction de la mendicité, ont indiqué la création d'une Maison de refuge et de travail.

Le plan de cette création a été développé dans un rapport imprimé qui n'a pas trouvé de contradicteurs, trois journaux seulement en ont parlé (1), tous trois en ont adopté les bases.

La souscription ne s'est point élevée à une somme suffisante pour procurer l'acquisition à perpétuité, et la formation d'un établissement assez considérable; mais seulement à la somme nécessaire pour en procurer l'essai pendant quelques temps, à titre d'expérience.

Un sacrifice à peu près égal à celui de la première souscription, suffirait pour rendre l'établissement perpétuel, par l'acquisition de l'immeuble, qui se trouve déjà disposé et meublé pour tous les services nécessaires à une Maison de refuge et de travail.

M. Debelleyme continuera d'en être l'administrateur sous la direction et surveillance du conseil provisoire

(1) La Revue encyclopédique, n° 142, en mai 1829;
L'Universel, feuille du 8 mai 1829;
Le Courrier, feuille du 16 septembre 1829.

chargé des travaux préparatoires, autant que durera cet état provisoire.

Si la souscription se trouvait épuisée, on cesserait incontestablement de poursuivre le but qu'on s'est proposé.

Si, au contraire, elle se renouvelle, il deviendra possible de solliciter une Ordonnance royale, pour déterminer le mode d'administration de cette maison, ses relations avec ses fondateurs; et avec toutes les branches de l'administration des secours publics de Paris.

C'est dans cette espérance que l'administrateur des deniers de la souscription, de l'avis du conseil, se propose d'invoquer de nouveau l'assistance des habitans de Paris.

Assistance des corps de magistrature et des fonctionnaires qui se sont inscrits les premiers au rang des souscripteurs, et qui ne consentiront pas à laisser imparfait ce qu'ils ont commencé.

Assistence des hommes éclairés et charitables, qui daigneront visiter la maison et adresser leurs observations au conseil provisoire, et leurs souscriptions à M. l'administrateur des deniers de la fondation.

Assistance des citoyens de tous les rangs et de toutes les professions, applaudissant à la création d'un établissement dans lequel l'esprit de charité se trouve réuni à un esprit de vigilance, toujours si désirable dans les fondations hospitalières.

Si tous ces efforts se réunissent, Messieurs, notre tâche deviendra aussi facile qu'elle est honorable et flatteuse pour des amis de l'humanité.

PROCÈS-VERBAL

de la Séance du jeudi 29 octobre 1829.

Sont présens : M. le marquis de Marbois ; M. le duc de Caraman ; M. le baron Ternaux ; M. le comte Alexandre de La Borde ; M. Cochin ; M. Breton ; M. le baron Cordier ; M. Chodron ; M. Debelleyme.

Tous les membres du conseil, ci-dessus nommés, se trouvant assemblés dans une salle préparée pour leur réunion, dans la maison de refuge et de travail destinée à l'extinction de la mendicité, rue de l'Oursine, n° 95 (*bis*), faubourg Saint-Marcel, l'un d'eux annonce qu'il est chargé par M. Dupin d'exprimer ses regrets de ne pouvoir être présent à la séance, n'étant pas encore de retour à Paris, du voyage qu'il a entrepris pendant la vacance des tribunaux.

Un autre membre annonce qu'il est également chargé d'exprimer les excuses de M. de Greffulhe.

M. Debelleyme donne lecture de quatre lettres qui lui ont été adressées.

La première, datée de Montmirail, est de M. le duc de Doudeauville. Sa seigneurie écrit qu'obligée de rester encore long-temps à la campagne, elle ne pourra assister à la séance. « J'en éprouve, dit-« elle, un véritable regret, et un regret plus vif « encore, que je ne l'eusse éprouvé l'année der-« nière. »

Par la seconde, datée de Paris, M. le duc de Liancourt s'excuse de ne pouvoir se rendre à la séance, étant obligé de retourner à la campagne pour n'en revenir qu'à la fin de novembre.

Par la troisième, M. le duc de Choiseul motive son absence sur le mauvais état de sa santé.

M. le préfet du département de la Seine, par la quatrième, prie le conseil d'excuser son absence par le même motif.

MM. les membres présens témoignent le désir de visiter l'établissement, avant d'entrer en séance; ils sont successivement conduits dans toutes les parties de l'établissement par M. Debelleyme et M. Cochin. M. Rohaut fils, architecte, accompagne ces Messieurs, et leur donne tous les renseignemens desirés sur les divers modes employés pour la construction. Cette visite terminée, MM. les membres du conseil retournent à la salle des séances.

Un membre fait observer que MM. les préfets

n'étant pas présens, il y aurait lieu de faire choix d'un vice-président, non-seulement pour la séance de ce jour, mais encore pour toutes les séances à venir. Cette observation est accueillie, et on paraît d'accord de déférer la vice-présidence à M. Debelleyme.

M. Debelleyme répond, qu'à l'imitation de ce qui se passe au conseil général des hospices, il trouverait plus convenable que tous les membres du conseil fussent élus vice-présidens à leur tour, pour exercer cette fonction pendant un trimestre.

Cette question est ajournée au moment où se discutera le réglement général de la maison, et il est décidé que, jusqu'à l'adoption de ce réglement, le conseil se réunira sous la présidence de M. le préfet de la Seine, ou sous la vice-présidence de M. Debelleyme.

D'après cette détermination, M. Debelleyme accepte le fauteuil, et annonce que la séance est ouverte.

Séance du 29 Octobre 1829.

PRÉSIDENCE DE M. DEBELLEYME.

M. le président annonce au conseil que M. Cochin, rapporteur, a cru devoir rédiger un second rapport sur la nature des maisons de refuge et de travail, et notamment sur les ressources et les circonstances qui ont permis, jusqu'à présent, de continuer la fondation qui fait l'objet des travaux du conseil.

M. le rapporteur, ayant obtenu la parole, donne lecture de ce rapport.

Cette lecture étant terminée, le conseil décide que le nouveau rapport de M. Cochin sera imprimé comme le premier.

D'après cette décision, il ne sera point transcrit au registre des délibérations.

Plusieurs membres expriment toute la satisfaction qu'ils ont éprouvée en parcourant les diverses parties de l'établissement; ils y ont reconnu l'entière exécution du projet dont les deux rapports de M. Cochin donnent la description; cet établissement, disent-ils, doit subvenir à toutes les exigeances du précieux service dans l'intérêt duquel il a été fondé; ils demandent que l'expression de leur confiance et de leur satisfaction soit mentionnée au procès-verbal.

Cette proposition est unanimement adoptée.

Le conseil témoigne à M. Rohaut, architecte, la satisfaction qu'il a éprouvée en visitant l'établissement construit sous sa direction.

Un membre fait part des regrets qu'il éprouve de ce que la première souscription n'a pas produit les sommes suffisantes pour acheter, de suite, un immeuble dans lequel on a préparé des moyens répressifs de la mendicité ; qu'il serait difficile, sinon à grands frais, de rapprocher ailleurs avec les mêmes avantages ; il demande si l'acquisition de l'immeuble ne devrait pas être faite, même en l'absence de la souscription, et pense que cette détermination pourrait être un nouveau moyen de stimuler le zèle des souscripteurs.

M. le président répond qu'à l'ouverture de la souscription, personne ne pouvait savoir quel usage en serait fait, que, par cette raison, nul n'a pu calculer les efforts nécessaires pour arriver à un succès ; que les habitans de Paris seront animés du zèle qu'ils ont témoigné l'année dernière, lorsqu'ils verront les rues débarrassées de la présence des mendians. Qu'il ne doute point de voir la souscription se renouveler quand le désir des souscripteurs se trouvera rempli ; il pense, comme le préopinant, que l'acquisition de l'immeuble devra être le premier usage des deniers apportés par cette nouvelle souscription, dès que sa quotité pourra se trouver en rapport avec le prix de l'acquisition.

Le préopinant insiste pour que les habitans de Paris soient prévenus de l'intérêt qu'ils ont à réunir les moyens d'acquérir l'immeuble, pour ne pas voir disparaître le fruit des efforts qui, depuis un an, l'ont rendu si convenable pour le but auquel il est destiné. Il croit qu'une note imprimée, répandue à cet effet, pourrait faire connaître le résumé du rapport de M. Cochin, et éclairer les souscripteurs sur la position intéressante de l'établissement.

Plusieurs membres appuient ce projet et demandent à proposer quelques idées qu'ils considèrent comme devant être insérées dans cette note.

Un premier membre exprime sa vive reconnaissance de ce que, depuis le commencement de la souscription, M. Debelleyme a su en maintenir le dépôt intact, dans l'intérêt de la destination pour laquelle cette même souscription a été faite; il voit, avec plaisir, que la Maison de refuge a été conservée comme la propriété des souscripteurs; à la vérité, cette propriété est précaire, puisqu'elle tient à la jouissance d'un bail, et non à la perpétuelle possession d'un immeuble; mais il n'était au pouvoir de personne d'obtenir un résultat plus complet, la souscription n'en ayant pas fourni les moyens ; il pense aussi qu'il est important de bien faire sentir aux souscripteurs qu'en concourant, aujourd'hui, à l'acquisition de l'immeuble, ils se donnent, plus que jamais, le droit d'invoquer les lois contre la mendicité, et d'en demander l'extinction auprès de l'administration publique, parce que cette extinction sera devenue possible dès le jour de l'ouverture de la Maison de refuge; il demande que cette position soit expliquée clairement dans la note imprimée, et désire que cette note soit adressée à tous les journaux.

Un second membre partage les sentimens du préopinant et ajoute qu'en annonçant, par la note qui se prépare, le mode d'administration de l'établissement qui va s'ouvrir, on devra faire connaître que le désir du conseil provisoire est de maintenir l'indépendance de la Maison de refuge, et de la voir fonctionner individuellement, comme établissement public, agissant par lui-même conformément à sa destination; que la société philantropique, la société d'instruction élémentaire et la société d'encouragement pour l'industrie nationale ont déjà donné la preuve de tout ce que peut faire le zèle de souscripteurs réunis dans les vues du bien public; il pense que les habitans de Paris se montreront jaloux de posséder cet utile établissement, qui ne cessera pas d'être leur propriété sous la tutèle d'un conseil d'administration, constitué par les moyens les plus propres à entretenir des relations continuelles avec les souscripteurs.

Un troisième membre demande si tous les souscripteurs auront le droit d'envoyer des mendians au refuge, et de les y faire admettre.

M. le président répond que tous mendians, et même toute personne tombant en mendicité, seront admis au bureau d'interrogation dès qu'ils seront adressés soit par la préfecture de police, soit par une administration publique, soit par l'un de MM. les maires, ou l'un de MM. les notaires du département de la Seine, soit enfin par un de MM. les souscripteurs ; que chacun de ceux qui seront ainsi présentés, seront interrogés, et recevront un bulletin qui autorisera leur admission, ou expliquera les causes du refus d'admission, et que l'administration du refuge étant fondée dans des vues essentiellement charitables, on peut être assuré qu'on fera participer au bienfait de la maison le plus grand nombre possible de malheureux.

Un quatrième membre demande que la note dont veut s'occuper le conseil, soit adressée comme circulaire à tous les habitans de Paris, avec invitation de souscrire, et en annonçant que M. Debelleyme continuera toujours d'administrer les deniers de la souscription.

M. le président répond qu'il a l'intention de signer cette circulaire et de viser, en outre, toutes les quittances qui seront données; il déclare au conseil qu'il est vivement pénétré de toutes les intentions qui viennent d'être manifestées; qu'il aura soin d'en faire la base de la note qu'il va rédiger, avec l'approbation du conseil ; il lui propose, à cet effet, de se réunir lundi, 9 novembre prochain, à 11 heures, pour la discussion et l'approbation définitive de la note à publier.

Cette proposition est adoptée.

M. le président expose ensuite que l'organisation de la Maison de refuge, telle qu'elle vient d'être approuvée par le conseil, n'a pu se produire, depuis cinq mois, sans le concours de plusieurs fonctionnaires et préposés, notamment dans les trois derniers mois qui viennent de s'écouler. Que ce dernier trimestre étant celui de la vacance des tribunaux et de l'intervalle des sessions, il n'aurait pu réunir le conseil en nombre suffisant pour lui proposer les nominations auxquelles il s'est provisoirement décidé; mais qu'il ne considérera ces nominations comme définitives qu'autant qu'elles auront reçu l'approbation du conseil.

En conséquence, il dépose sur le bureau un état

nominatif des fonctionnaires et employés de la maison dont il a fait choix, parmi les personnes qui lui ont été présentées par plusieurs membres du conseil eux-mêmes, et qui lui ont paru réunir les titres les plus recommandables.

Le conseil approuve les nominations : et les personnes comprises en l'état déposé sur le bureau sont définitivement confirmées dans leurs fonctions respectives.

M. Debelleyme annonce que le 4 novembre prochain, fête de la Saint-Charles, à 8 heures du matin, M. Desjardins, vicaire-général du diocèse, bénira la chapelle de la Maison de refuge, et invite MM. les membres du conseil à se trouver à cette cérémonie.

La séance est ensuite levée, et ajournée au lundi, 9 novembre prochain, 11 heures du matin.

Séance du lundi 9 novembre.

La séance s'ouvre à onze heures et demie sous la présidence de M. le comte Chabrol de Volvic, préfet du département de la Seine.

Présens, M. le baron Pasquier, M. le comte Alexandre de Laborde, M. Dupin aîné, M. Breton, M. Lecordier, M. Chodron, M. Cochin et M. Debelleyme.

M. le comte de Chabrol, M. le baron Pasquier M. Dupin, qui n'ont point encore visité la maison, témoignent le désir de la visiter; tout le conseil procède avec eux à une seconde visite.

La séance est reprise à une heure après-midi. Le conseil désire entendre une seconde lecture du rapport de M. Cochin, lu en la séance du 29 octobre dernier. Cette lecture est faite par M. Cochin.

Son rapport est approuvé de nouveau, ainsi que l'impression qui en avait été ordonnée dans la séance précédente.

M. Debelleyme fait ensuite lecture de la note qu'il a préparée selon le désir exprimé par le conseil dans sa dernière séance, note que le conseil doit signer, et qui doit être adressée à tous les journaux.

La séance entière est occupée par la lecture et la discussion de cette note, elle est adoptée.

Le conseil se sépare à trois heures après-midi, sans ajournement fixe.

Suit la teneur de la note adoptée par le conseil, en sa séance du 9 novembre 1829.

SECONDE SOUSCRIPTION.

De nombreux souscripteurs, consultés sur les moyens les plus efficaces pour procurer l'extinction de la mendicité, à Paris, ont indiqué la création d'une Maison de refuge et de travil, comme donnant l'espérance d'approcher, le plus possible, du but qu'on doit se proposer.

Le plan de cette création a été développé dans un rapport imprimé (1).

Une première souscription ne s'est point élevée à une somme suffisante pour procurer l'acquisition, à perpétuité, et les frais d'établissement d'une maison proportionnée au nombre habituel des mendians de Paris, mais seulement à la somme nécessaire pour en procurer l'essai, à titre d'expérience (432,000fr. encaissés, plus 200,000 fr. promis).

Un sacrifice, à peu près égal à celui de la première souscription, suffirait pour poser les bases d'un établissement perpétuel, par l'acquisition de l'immeuble qui se trouve déjà disposé et meublé de tous les services nécessaires à une Maison de refuge et de travail.

Cet immeuble se compose d'une première cour entourée de salles de dépôt, d'une cuisine et de tous les services d'administration, de deux grands corps de bâtimens contenant dès à présent trois cents lits de fer, séparés;

---

(1) Se vend chez Alexandre Mesnier, libraire, place de la Bourse.

d'un vaste réfectoire, de vastes ateliers, d'un grand jardin et de plusieurs promenoirs.

Les ateliers y sont disposés pour être dirigés par des entrepreneurs ayant déjà des établissemens au dehors; les journées des travailleurs de la maison y seront fixées à prix défendu, et proportionnées à ce qu'ils sauront faire.

Les moyens de procurer une nourriture saine, économique et substantielle y sont assurés, et ont été préparés sous la direction de M. Darcet, membre de l'Institut.

Les dépenses de fondation une fois faites, des ressources modiques et le travail des ateliers suffiront pour satisfaire aux dépenses annuelles de l'établissement.

M. Debelleyme continue d'en être l'administrateur, sous la direction d'un conseil qui a été choisi parmi les souscripteurs.

Si la souscription se trouvait épuisée, on cesserait inévitablement de poursuivre le but qu'on s'est proposé.

Si, au contraire, elle se renouvelle, il deviendra possible de solliciter une ordonnance royale pour constituer définitivement la Maison de refuge et de travail, à titre d'établissement public, déterminer le mode d'administration de cette maison, ses relations avec ses fondateurs et avec toutes les branches de l'administration des secours publics de Paris.

Les habitans de Paris doivent comprendre combien il serait précieux pour leur tranquillité, et honorable pour leurs sentimens de charité, de voir se perpétuer un asile élevé par leur prévoyance et leur générosité, dans lequel ils pourront faire vérifier la conduite et assister le malheur des mendians qui les importunent aujourd'hui, non-seulement sur la voie publique, mais jusques dans leurs maisaus, boutiques et ateliers.

Par l'effet d'une souscription qui ne peut fatiguer personne par sa quotité, les habitans de Paris se donneraient le droit de se refuser, désormais, à l'aumône faite sans information, et d'invoquer l'exécution des lois prohibitives de la mendicité, devenues exécutables sans dureté, au moyen de la fondation nouvelle qui serait due à leurs efforts.

C'est dans l'espérance d'arriver à ce but que l'administrateur des deniers de la souscription, de l'avis du conseil soussigné, vient invoquer aujourd'hui, de nouveau, l'assistance des habitans de Paris;

Assistance des corps de magistrature et det hauts fonctionnaires qui se sont inscrits les premiers au rang des souscripteurs, et qui ne consentiront pas à laisser imparfait ce qu'ils ont commencé;

Assistance des hommes éclairés et charitables qui daigneront visiter la maison, adresser leurs observations au conseil, et leurs souscriptions à M. l'administrateur des deniers de la fondation;

Assitance des citoyens de tous les rangs et de toutes les professions, applaudissans à la création d'un établissement dans lequel l'esprit de charité se trouve réuni à un esprit de vigilance et de surveillance toujours si désirable dans les fondations hospitalières.

Pour invoquer cette assistance d'une manière individuelle et personnelle, M. l'administrateur adressera, incessamment, une circulaire à tous les habitans de Paris, et fera recueillir les souscriptions sur des quittances de l'agent-comptable, trésorier de la Maison de refuge, et ces quittances seront toutes visées par M. Debelleyme, administrateur et fondateur.

La présente note, arrêtée en séance du conseil, les 29 octobre et 9 novembre dix-huit cent vingt-neuf.

Signé, comte Chabrol, préfet du département de la Seine; marquis de Barbé-Marbois, pair de France, premier président de la Cour des comptes; baron Pasquier, pair de France; baron Ternaux, membre de la Chambre des députés; comte Alexandre de Laborde, membre de la Chambre des députés; Dupin aîné, membre de la Chambre des députés; Cochin, maire du 12e arrondissement, rapporteur du conseil; Breton, membre du conseil-général du département; baron Lecordier, doyen des maires de Paris; Chodron, doyen des notaires de Paris; Debelleyme, président du tribunal de première instance, administrateur et fondateur.

Pour copie conforme :

DEBELLEYME.

COCHIN.

www.ingramcontent.com/pod-product-compliance
Ingram Content Group UK Ltd.
Pitfield, Milton Keynes, MK11 3LW, UK
UKHW021104260726
13994UKWH00002B/695

9 782329 411088